지구환경 위기와 생태적 기회

저자소개

김종원

1957년 경북 영양 출생
경북대학교 생물학과 학사
일본 요코하마국립대학 석사
오스트리아 비엔나대학 박사
전, 계명대학교 교수

• 저서(2005년 이후)
『한국의 하천 식생』(계명대학교출판부)
『노거수생태와 문화』(월드사이언스)
『하천생태학 그리고 낙동강』(계명대학교출판부)
『우포늪의 식물군락』(계명대학교출판부)
『한국식물생태보감』(자연과생태)

지구환경 위기와 생태적 기회

초판1쇄 발행 2000년 3월 1일 | **개정1판3쇄 발행** 2025년 1월 22일

지은이 김종원 | **펴낸곳** 계명대학교출판부 | **펴낸이** 신일희
출판등록 제347-1998-1호(1970. 9. 1)

주소 대구광역시 달서구 달구벌대로 1095
전화 053) 580-6233 | FAX 053) 580-6235

ISBN 978-89-7585-732-4 03470

· 값 10,000원
· 잘못 만들어진 책은 교환해 드립니다.

이 도서의 국립중앙도서관 출판예정도서목록(CIP)은
서지정보유통지원시스템 홈페이지(http://seoji.nl.go.kr)와
국가자료공동목록시스템(http://www.nl.go.kr/kolisnet)에서
이용하실 수 있습니다.(CIP제어번호: CIP2016003274)

계명교양총서

31

지구환경 위기와 생태적 기회

김 종 원

계명대학교 출판부

일러두기

1. 본서는 본문 총7장, 도움글, 이 생각 저 생각, Think globally Act locally, 참고자료, 색인으로 이루어져 있다. 본문은 기본적으로 환경학 및 생태학의 비전공자들이 부담 없이 읽을 수 있도록 간결한 단어와 문장으로 서술하였다. 내용의 이해를 돕기 위하여 그림과 사진 자료를 덧붙였다.

2. 본문 제1장에서는 지구환경 문제의 본질에 대하여 접근하였다. 특히 인구문제와 지구환경의 수용범위에 대한 인구동태학(population dynamics, 個體群動態學)을 바탕으로 지구환경의 변천사를 정리하고, 지구환경에 대한 인류의 조화와 간섭에 대하여 살펴보았다. 제2장에서부터 제6장에 이르기까지 인류의 생명활동의 기반인 생태계, 토지, 식량, 에너지, 물에 대한 특성을 기술하였다. 마지막 제7장에서는 현재 우리가 살고 있는 한반도의 자연환경에 대하여 짚어 봄으로써 지구환경 속의 한반도, 우리 고장, 우리 주변의 환경적 생태적 위치를 이해할 수 있도록 하였다.

3. 각 장마다 제시한 '도움글'은 본문 속의 볼드체 활자로 표시한 주요 용어에 대한 해설로 이루어져 있다. '이 생각 저 생각'의 항목에서는 우리가 이미 인식하고 있는 사실에 대한 비판적 사고와 이해의 기회를 제공하고자 마련하였다. 또한 'Think globally Act locally' 항목에서는 관련된 환경·생태적 실천가능한 행동 지침을 정리해 두었다. 독자들은 각 장의 본문을 토대로 '이 생각 저 생각' 항목 및 'Think globally Act locally' 항목에 제시된 내용을 중심으로 다양한 토론이 가능할 것이다.

4. 본서 내용과 관련 있는 참고자료와 용어에 대한 보다 상세한 정보는 각각 '도운자료 도울자료'에 기재해 둔 참고자료 및 인용자료의 목록과 색인을 참고하면 된다. 본서는 머리말에서 언급하였듯이 환경·생태 문제에 대한 지식과 기술, 그리고 정보를 제공하기보다는 환경·생태 문제를 본질적으로 인식하고 이해하는 것을 목적으로 한다. 따라서 환경·생태에 관련된 과학적 정보와 용어에 대한 상세한 이해를 원하는 독자들은 환경·생태 전문서적을 참고하는 것이 바람직하다.

5. 본서 내용을 포함한 환경·생태에 관련된 여러 가지 쟁점은 저자와의 직접 교신(econearing@gmail.com)을 통해 이루어질 수 있다.

머리말

항상 목요일이면 철학적 사색의 기회가 있다. 1999년 4월 29일 목요일 오후 내내 진행된 목요철학세미나(木哲)에서였다. '잡초'가 그 날의 화두였다. 잡초 이야기는 곧바로 환경이란 키워드로 옮겨지고, 자연스레 인간의 삶에 대한 이야기로 뜨겁게 달아올랐다. 심지어는 인간의 섹스와 다른 생명체의 섹스에 대한 본질에 대해서도 뜨거운 논쟁이 있었다. 섹스에 대한 나의 해석을 두고 '한 생물학자의 철학적 도전'이라는 지적도 있었다. 섹스는 유전자 정보의 전달 과정이며, 유전자를 뒤섞는 과정이다. 이것은 지구상의 모든 생명체가 가지고 있는 섹스의 의미이다(인간의 섹스는 이와 같은 생명체의 공통적인 섹스 의미 이외에도 가족공동체의 결집을 확인하는 행위로써 생물학적 유전정보에 의존한다). 생명의 다양성은 그런 과정을 통해 획득되며, 결국 혈통 및 계통의 존속을 보장할 수 있다. 생명체들의 삶의 터전과 환경이 폐쇄되고, 단절되고, 교란되면 당연히 근친교배(inbreeding)의 확률이 높아진다. 근친교배 때문에 열성유전자의 빈도가 높아지며, 생식율이 떨어진다. 그래서 근친교배는 생물사회학적(生物社會學的) 문제를 일으킨다. 그런 근친교배의 결정적 원인은 환경의 파괴, 즉 생명체의 삶의 터전인 서식처의 파괴이다. 한 마리의 지렁이에게 아스팔트와 흙의 의미는 모든 가치를 초월한다. 우리 인간에게 하나뿐인 지구 환경의 보전은 모든 가치를 초월한다.

지금 전 세계 인류에게 가장 높은 빈도로 사용되고 있는 단어는 아마도 '환경'일 것이다. 특히 21세기에 들어서면서 '생태'라는 용어가 드디어 보편적으로 쓰이기 시작했다. 사실 우리나라에서 생태(生態, eco-)라는 단어는 1992년까지만 하더라도 대학 강의실 안에서만 취급하는 전문용어로 이해 되었다. 그러나 지금의 환경 문제는 곧 자연환경과 인공환경의 통합적 이해로 인식하는 생태계 문제라는 데에 우리 모두가 동의하는 바이다. 그러므로 어린이를 위한 생태공부, 주부를 위한 생태공부, 환경인(環境人)을 위한 생태공부, 생태학자를 위한 생태공부가 각기 달리 존재할 수는 있으나, 그런 생태공부의 궁극 목적은 모두 하나이다. 인간을 위한 생태공부이다. 즉 인간의 지속가능한 삶의 환경을 위한 생태계에 대한 이해와 실천이다. 이것은 '자연(自然)'이 '있는 그대로'의 형용 명사인 것처럼 '생태'란 '삶의 터전과 생명의 얼개'를 통합적으로 표현하는 형용 명사로부터 이해할 수 있다. 그러면서도 생태, 생태계..... 생물적 환경 요소와 비생물적 환경 요소가 어우러진 생태계 속에서 인간은 무엇인가? 인간은 생태계 먹이사슬 속에 존재하는가? 인간은 이 지구생태계의 동반자인가, 교란자인가? 대량생산과 대량소비, 폭발적인 인터넷 정보, 끝없는 속도 경쟁, 새천년에도 이런 인류의 패러디임은 지속가능한 것인가?

환경·생태에 관한 도서와 자료는 1994년 이후 폭발적으로 증가하였다. 지금은 서점의 한 켠을 채우고도 남을 지경이다. 그 속에서 "인간을 위한 생태공부"를 만나기란 그리 쉽지 않다. 특히 환경·생태는 지역성과 풀뿌리성이 중요하다. 우리의 문화적 뿌리와 역사, 삶의 방식과 정서를 이해하는 환경·생태적 처방만이 우리의 삶터를 보전 복원할 수 있다. 본서는 우리가 사는 지구, 우리나라, 우리 고장, 그리고 내 집 주위에서 일어나는 환경·생태 토론꺼리를 정리해

보았다. 환경·생태 문제는 지식과 기술과 정보의 문제가 아니라 이웃과의 공동체적 이해와 선택을 통해서 해결할 수 있기 때문이다. 주는 것처럼 큰 얻음이 없으며, 가르침처럼 가혹한 가르쳐짐이 없듯이 독자 여러분과의 토론을 기대한다. 보전생태학연구실의 이율경군, 이윤정양, 제갈재철군, 이병열군, 문경희양 등의 어린 제자들과 장은재씨, 이창균씨 등의 어른 제자들, 그리고 아내, 이들 모두의 본서에 대한 성의 있는 토론에 감사한다. 이 책의 출판에 도움을 준 계명대학교 교양세미나 기획담당 여러분과 실무자 여러분에게 감사드린다.

1999년 12월 31일 자정 무렵

김종원

臥龍山 자락에서

개정판에 부쳐

**지구환경위기와 생태적 기회,
무엇이 문제인가?**

어둠이 짙으면 새벽은 저만치 가까이 와 있듯,
시간이 흐르면 걱정거리를 덜어내야 행복에 조금씩 다가간다.

최첨단 과학기술 시대,
우리 인류는 지난 20세기의 걱정거리를 덜었을까 더 보탰을까?

아주 먼 나라 일로만 느껴졌던 20세기 체르노빌 원전사고,
그 아픔이 채 아물기도 전
21세기 벽두 이웃 나라 일본에서 후쿠시마 원전사고가 발생했다.
그럼에도 인류 공동체의 공영과 발전을 위해서
얼마간 희생은 불가피하다는 주장은 여전하다.
그렇다면 그 희생을 누가 감당할 것인가, 뭣 때문에?

탐욕을 위한 희생은 안 된다.
내가 없으면 네도 없고, 네가 없으면 내도 없기 때문이다.
나의 존재, 있는 대로 죄다 내 몸 밖에서 온 것으로 살아간다.
모든 것은 그렇게 관계 속에서 생겨나고 사라진다.

산소는 산소이고, 수소는 수소이지, 결코 물은 아니다.
두 원소의 관계 속에서만 물이 존재한다.

지구환경과 생태계, 그 속에 존재하는 모든 것은 그렇게 관계로부터 지속가능하다.
모든 것의 존재가치, 그 하나도 나이고, 또한 내 아닌 타자도 그 하나이다.
배려와 나눔을 위한 진정한 인내와 희생이어야 한다.

생명사랑, 환경보존, 지구온난화 방지, 사막화 방지, 이를테면 지속가능한 개발까지.......
말로 글로 생각으로 마음으로 성취되지 않는다.
석과불식碩果不食의 심득궁행心得躬行!
"실천"뿐이다.

2016년 따사한 입춘 날
무우헌无尤軒에서 김종원

목 차

제1장

지구 환경문제

1. 환경문제의 본질
2. 문명의 발달과 환경

제1장

지구 환경문제

생명을 부양하는 가장 완벽한 장비는 지구 그 자체이다. 태양으로부터 빛과 열을 제공받고, 일정한 물의 순환이 있고, 땅 위와 땅 속에는 유용 자원이 저장되어 있으며, 온갖 삼라만상의 생물들이 어우러져 생명을 부양하고 있는 것이 지구이다. 우리는 과학과 기술의 경이로움을 경험하면서 태양의 힘과 지구의 자연자원을 이용하여 현대문명을 성취해 왔다. 그러나 자연을 파괴하지 말아야 하는 지혜를 망각하고, 그 결과가 어떻게 될 것이라는 불확실한 미래를 가늠하지도 못한 채, 과학과 기술을 맹목적으로 추종하여 왔다. 인간의 문명적 발달과 자연의 과정에서 그 균형과 조화를 회복하지 못한다면, 인류는 분명 고통의 굴레를 영원히 벗어나지 못할뿐더러, 인류의 존재 그 자체를 스스로 위협하게 될 지도 모른다.

1. 환경문제의 본질

- 지구환경의 급진적인 변화는 인류의 지속가능한 삶의 영속성을 위협한다.
- 환경오염과 생태계 파괴의 원인은 환경재의 특수한 성격과 자본주의의 대량생산, 대량소비, 대량폐기에 잇닿아 있다.
- 수용범위를 바탕으로 하는 환경윤리의식 회복과 도덕적 경제는 위기 극복에 큰 도움이 된다.

지구는 끊임없이 변화하는 자연 환경과 그 속에서 수많은 생물종들의 탄생과 사멸을 반복하면서 오늘에 이르고 있다. 인간도 그 과정 속에서

출현하여 자연환경에 적응해 왔다. 한편으로는 문명을 발전시켜 주변 환경에 영향을 미치기도 하면서 자연과의 조화를 이루어왔다. 그러나 산업사회 이후의 폭발적인 인구 증가와 집약적인 인간 활동(경제성장, 지역개발, 도시발달, 과학기술 등)은 지구환경의 **수용범위**(carrying capacity)를 넘어서기에 이르렀다. 지구의 자연 환경에 여러 가지 변화가 일어나고, 이제 우리의 일상생활에까지 그 영향이 나타나고 있는 것은 그런 징후라 하겠다. 현재의 지구환경 문제는 지구 자체의 동적 활동과 지구 위에서 생존해 가는 인간의 환경 간섭에 의하여 발생하고 있는 것이다. 이런 지구환경 문제는 **엔트로피 법칙**에 따른 사용 불가능한 에너지의 양산으로 인류의 지속가능한 삶의 영속성을 위협하게 되는 것이다.

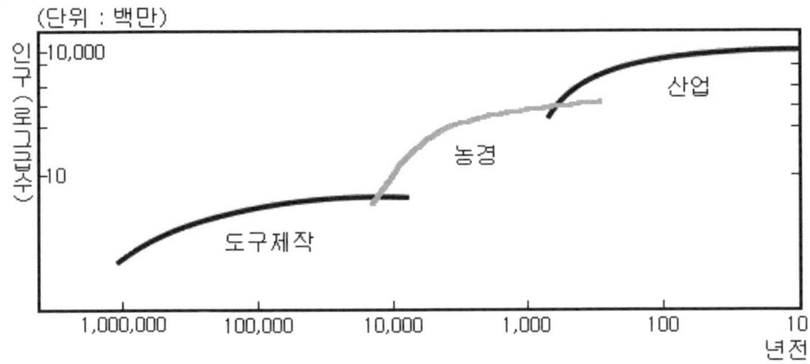

[**그림** 1] 일백만년 전부터의 인류사회 발전과 인구 증가(Meyer, 1996). 인구증가는 인류 사회의 3대 기술혁명(technological revolution)과 일치 한다: 도구사용, 정착농경발달, 18세기 산업혁명과 같은 인류사적 기술혁명은 인류사회를 기능적으로 구조적으로 큰 변화를 가져 왔고, 지구 생태계에 대한 인구 수용범위의 한계를 맞이하고 있다.

지구는 무척 동적이다. 지각 내부의 맨틀이 조용하고도 역동적으로 움직인다. 대륙 이동과 지진과 화산은 잠시도 쉬지 않고 발생한다. 화산 폭발에서는 탄산가스, 일산화탄소, 질소가스, 수소가스, 화산재 따위가 동시에 대량으로 분출되면서 대기 온도에 지대한 영향을 미친다.

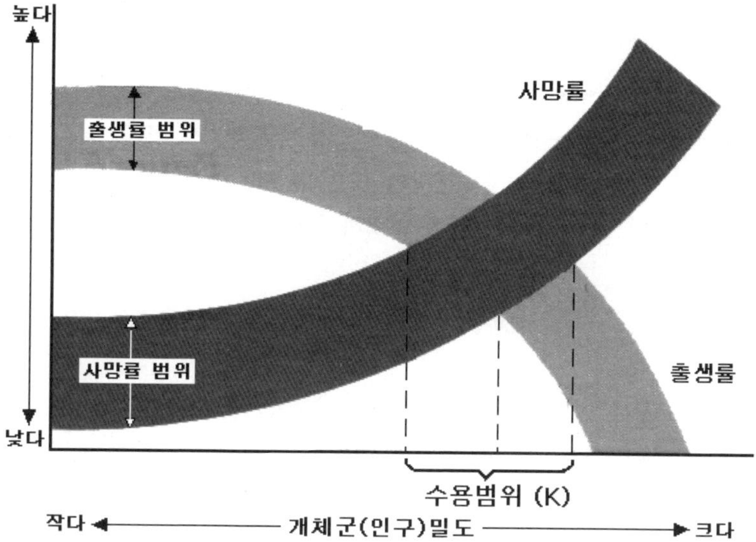

[**그림** 2] 인구밀도, 출생률, 사망률, 수용범위의 상호관계(Begon et al., 1996). 수용범위를 넘어서는 인구밀도에서는 식량을 포함한 자원(resources)의 고갈로 말미암아 사망률이 출생률보다 크게 증가한다.

멕시코의 활화산 엘치죤의 화산재는 한때 약 2만7천 미터 상공에까지 퍼졌으며, 그 구름의 두께가 무려 3천 미터 정도였다고 한다. 태양 광선이 차단되면서 지구 전체 온도가 평균 섭씨 0.6도씨 하강하였고, 지역에 따라 섭씨 6도씨 차로 오르내려 열파(heat-wave: 기온이 섭씨 40도씨 전후로 상승하는 무더운 현상)와 한발이 발생하였다. 이와 같은 지구 자체의 끊임없는 역동성은 인류의 불가항력으로 발생하고, 오히려 삶의 삶의 터전으로써 지구환경에 엄청난 변화를 초래하게 되는 결정적인 요인이 된다. 구석기시대에서 신석기시대의 도래를 낳은 신석기혁명(neolithic revolution)이란 것도 그러한 지구환경 변화에서 비롯한다.

그러나 지금은 지구 **생태계** 속에서 이른바 '지혜의 동물'이란 의미를 지니고 이 세상에 나타난 인간이 지구환경에 커다란 변화를 초래하는 새로운 원인제공자로 지목되는 형국이다. 인류 문명 활동으로 발생하는 그 변화의 속도라는 것이 지구 생태계의 자연적인 변화 속도 범위를 넘어설 뿐 아니라 크게 가속화되었기 때문이다. 인류의 조상은 본래 자연계에서 매우 불쌍하고 힘없는 존재였다. 원시 인류는 두려움에 떨면서 식물을 채집하거나, 작은 동물을 사냥하거나 또는 맹수가 먹고 남긴 동물 시체의 찌꺼기를 먹으면서 그날그날을 연명하며 살아왔다. 인류 조상은 이렇게 거친 자연 환경과 사나운 맹수의 공격을 이겨내야 했던 나약하고 가련했던 존재였으나, 마침내 지구상의 모든 만물을 지배할 수 있는 위치에 이르게 되었다.

시나브로 정착 농경시대가 도래하면서 인류는 불을 이용하고 토기를 굽기 시작한다. 인류의 자연생태계에 대한 간섭이 더욱 적극적인 양상으로 나타나기 시작한 것이다. 연료 획득을 위한 삼림 벌채는 일상적으로 일어나는 다반사였고, 뒤이은 철기 시대에는 그런 삼림 벌채가 더욱 파괴적이었다. 철을 생산하기 위해서 대량의 목탄이 필요했고, 철로 만들어진 도끼로 점점 더 많은 나무를 벌채하기에 이르렀다.

석탄과 석유를 사용하는 화석연료시대에는 직접적인 삼림 감소 현상은 발생하지는 않았다. 그런데 폭발적인 인구 증가로 식량 공급을 위한 농지 면적의 확대는 필연적이었다. 더욱 신속하고 간단한 방법, 화전 농법이 크게 성행하게 된다. 열대림을 태운 뒤 그곳에 씨를 뿌리는 화전 농법은 삼림면적을 크게 감소시켰다. 한편으로 우유와 고기를 대량으로 얻기 위해 상업적인 방목이 크게 성행함으로써 땅의 사막화도 뒤따랐다. 특히 뾰족한 입으로 식물의 생장점마저 뜯어먹어 버리는 식초(食草) 방식의 가축 방목은 식물의 잠재적 재생능력을 치명적으로 잃게 하였다. 여기에다가 지구기후변화에 따른 건조화가 겹치면서 땅의 사막화는 더욱 심화된 것이다. 토양 침식과 바람에 의한 토사 이동이 발생하고, 흙모래의 흙비 또는 황사가 대량으로 발생하는 까닭이다(그림 3).

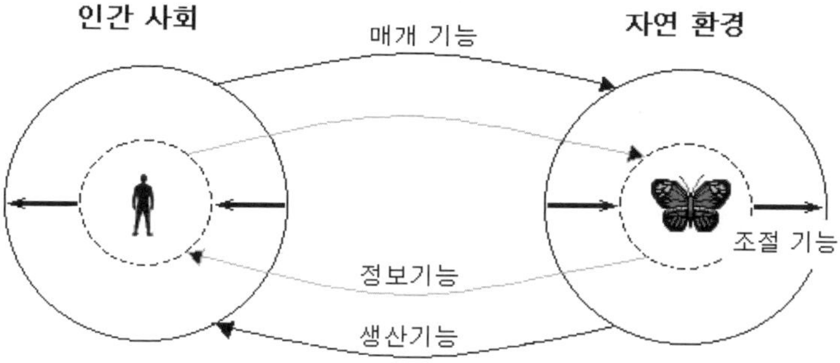

[그림 3] 물질과 에너지, 그리고 정보 흐름을 고려한 자연환경과 인간사회와의 상호관계(van der Maarel et Dauvellier, 1978). 인간은 자연환경으로부터 생산된 생태계서비스(생산기능)의 혜택을 누리면서도 자연환경에 대한 지속적인 간섭(매개기능)을 가한다. 결국 인간사회는 보다 양질의 생태계서비스를 지속적으로 확보하기 위해서라도 지구 자연환경을 교란하는 간섭행위의 통제와 절제와 건전한 이용을 추구해야 한다.

21세기 인류가 해결해야 할 지구환경 변화에 대한 주요 과제는 다음 네 가지로 요약된다.

- 수권(hydrosphere)의 변화 - 이용가능한 수자원의 양적 감소와 각종 오염으로부터의 질적 저하 등
- 지권(lithosphere) 및 토양권(pedosphere)의 변화 - 반생명적 삼림 파괴와 과도한 방목, 토지(경작지 포함)의 부적절한 관리로부터 발생하는 토질 저하와 사막화 현상 등
- 기권(atmosphere)의 변화 - 도시산업화에 따른 이산화탄소의 증가와 온실 효과에 의한 지구온난화 현상, 인공 합성 화학물인 염화불화탄소에 의한 오존층 파괴 현상, 미세 먼지 대량 발생 등
- 생물권(biosphere)의 변화 - 토지개발 사업에 따른 서식처 파편화와 그에 따른 생물다양성 감소 현상과 각종 환경독성물질(환경호르몬 포함)에 의한 생물종의 생명력 쇠퇴현상 등.

우리는 인류의 복지증진을 위해 필요로 하는 무수히 많은 인공적 또는 자연적 재화(goods) 및 용역(service)을 생산·교환·소비를 통해 효율적으로 이용하고자 하는 경제활동을 한다. 그런데 경제활동의 궁극적인 목표인 인류의 복지증진이라는 것이 오히려 과도한 경제활동으로 말미암아 지구환경의 잠재성을 쇠퇴시킨다면 그러한 경제활동은 당장 재고되어야 한다. 지구는 인류의 유일한 궁극적인 삶의 터전이기 때문이다. 그런 맥락에서 첨단과학기술이 수반되는 막대한 군사비용 가운데 극히 적은 금액으로도 지구환경 및 생태계 보전에 크게 기여할 수 있다는 것을 인식할 필요가 있다(그림 4).

[그림 4] 서기 2000년에 있어서 전 세계 군사비 지출 비용과 생태계안전성 (ecosystem security) 유지를 위한 비용의 상대적 비교 (WRI *et al.* 1991). 21세기에는 전세계군사비 지출은 나날이 증대하지만, 생태계안전성 유지비용은 답보상태이거나 상대적인 감소는 여전하다.

지구환경은 자연자원의 공급, 폐기물의 자정, 쾌적성(amenity)의 공급 등과 같은 경제활동의 바탕이 되는 기능을 감당한다. 이러한 기능들은 상호의존적으로 서로 밀접한 상관관계를 가지고 작용하기 때문에 환경파괴 또는 환경오염은 즉각적으로 경제적인 손실로 이어진다. 경제학에서는 "생물이 존재하고 발전해 나가는 방식에 영향을 미치는 자연적인 외부 조건 및 작용을 통틀어 환경계(environmental system)"라 일컫는다(신, 1992). 즉 환경계는 경제활동을 기능하게 하는 근원이란 것이다. 이것은 생태계서비스 (ecosystem services)로 알려져 있는 대기, 물, 토양, 희귀생물종, 자연환경의 쾌적성 등의 환경재(또는 공유자산자원 common property resources)로 구성되고, 환경오염과도 깊은 관련성을 갖는다. 이런 환경재는 간접 가치의 공익 재화(public goods)이면서 직접 가치의 개인 재화(private goods)이기도 하다.

환경재라고 하는 인류 공동의 자연자산은 금전 가치(monetary value) 뿐만 아니라, 존재 그 자체로 가치가 있다. 예를 들면, 해바라기 한 송이는 상품 가치로 일천 원 남짓이지만, 화가 빈센트 반 고호의 해바라기 그림은 수십 수백억 원으로 경매된다. 이처럼 하나의 들풀이 존재하기 때문에 가능한 가치를 문화적 가치 또는 심미적 가치라 하고, 그것은 곧 "존재가치"(existence value)로 설명된다. 그림 재료가 된 '해바라기의 존재', 그것은 **비사용가치**(non-use value)의 또 다른 표현이다. 지구 생태계를 구성하는 자연의 존재들, 그 자체의 문화적·심미적 가치는 물질적 금전 가치로만 평가할 수 없는 존재가치가 훨씬 크다. 도덕적 경제는 이런 존재가치를 배려한 경제적 활동을 강조한다.

도움글

경제활동과 관련한 환경계 특성(신, 1995년으로부터 요약)

- **비가역성** – 생물학적 종의 멸종이나 대규모 개발 사업으로 인한 생태계 파괴처럼 한번 선택이 이루어진 후에는 그 본래의 구조와 기능으로 원상회복은 거의 불가능하다.
- **비대칭성** – 일반적으로 기술진보는 재화 및 서비스에 대한 생산 능력을 증가시키지만, 환경계가 제공하는 기능, 즉 환경재의 공급은 감소한다.
- **불확실성** – 새로 개발된 물질이 개발 당시에는 상당히 유용한 물질로 찬사를 받지만, 이들에 대한 장기적 사용은 환경계에 어떤 영향을 미칠지 예측이 불가능하다. 플라스틱이나 프레온가스, DDT 등의 물질도 개발 당시와는 달리, 이들의 장기적 사용이 마이크로플라스틱이나 환경호르몬처럼 인간과 환경계에 미친 해악을 경험하고 있다. 뿐만 아니라 미개발 자원이나 이미 개발된 자원이라도 미래에 더 높은 가치 즉 잠재적 부가가치에 대한 불확실성과 환경재에 대한 미래 수요를 결정지을 미래의 사회적 요인들에 대한 불확실성 등이 존재한다.

산업혁명은 인류 자신도 예측할 수 없는 불확실성의 미래를 경험하게 하였다. 대규모 기계공업화로 발전한 산업혁명은 생산력의 급속한 증가를 통해 물질적 풍요를 이끌었다. 이로써 나약하고 빈곤한 존재였던 인류는 사실상 자연 지배자로 변신했다고 해도 지나친 말이 아닐 정도다. 그로부터 200여 년 동안 인류는 지구환경의 토대인 자연자원에 대한 집약적이고도 소모적인 이용만을 추구해왔고, 마침내 온전했던 지구생태계의 구조와 기능을 교란하면서 마침내 인류의 생존 자체를 위협하는 지경에 이른 것이다. 결국 환경과 경제는 불가분의 관계에 있으며, 지속적인 경제활동을 위해서도 '환경적으로 건전하고 지속가능한 지구환경의 이용과 적절한 보전'이 필요한 것이다(그림 5). 지혜로운 인류로 다시 일어서야 한다.

[그림 5] 지구의 생명이야기(White, 1996). 지구 환경은 인류 출현과 함께 급격한 변화를 겪고 있다. 문제는 그러한 인류 문명의 변화와 발달 속도는 예측불가능하다는 데에 있다.

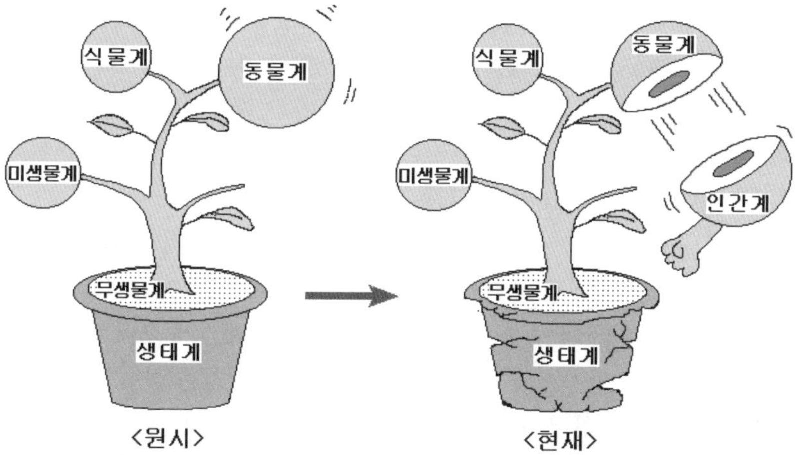

2. 문명의 발달과 환경

- 고대로부터 중세, 근대 그리고 현대의 기술 문명에 이르기까지 삼림황폐화와 환경오염 물질의 대량 배출은 계속 이어졌다.
- 인류 4대 문명발상지는 예측 불가능한 환경 재해를 경험하면서 지탱가능성을 잃고 소멸하였다.
- 온대림 지역에 중심을 둔 3대 첨단 도시산업 문명의 미래는 어떻게 될 것인가?

고대 인류의 문명은 불 사용으로부터 시작한다. 인류가 불을 처음 이용한 것은 30만 년 전의 피테칸트롭프스인(*Pithecanthropus*)에 의해서였다. 처음에는 화산 또는 산불과 같은 자연계 불씨를 이용하였다. 불로 음식물을 구우며, 따뜻함과 불빛을 얻을 수 있음을 알게 된 인류는 불 만들 방법을 고안하고, 불을 보존하고, 끄고, 운반하는 기술로 발전시켰다. 에너지의 생성과 제어 기술의 진보이다. 이것은 인류 문화의 역사를 여는 중요한 첫걸음이었으나, 한편으로는 자연환경에 미치는 인류의 본격적인 간섭(human impact)의 서막이었다.

기원전 3,000년 경 티그리스강, 유프라테스강 하류 지역에는 슈메르 도시문명이라는 메소포타미아 문명이 번성하였다. 그러나 도시 계획이 전혀 없었던 시가지의 좁은 도로 여기저기에는 쓰레기가 그대로 나뒹굴었다. 도시 속에 쌓이는 오물을 피해서 가옥과 주거지는 점점 높은 곳으로 이동하였고, 마침내 도시 전체가 쓰레기 때문에 점점 솟아오르게 되었다. 신이 머무르는 성스러운 산, 그런 높은 곳에 조금이라도 가까이 가고자 했던 그들의 의식세계와 일맥상통한 부분도 있으나, 위생적이지 못한 도시환경으로 도시는 황폐화되고 주변의 자연지역 또한 점점 파괴되어 사막화가 진행되고 말았다.

한편으로는 시가지의 불결함에도 일부 지배자의 집안은 청결하였다.

궁전유적지에서는 배수 설비를 갖춘 세계에서 가장 오래된 의자식 수세식 변소의 하수 처리시설이 발견되었을 정도다. 변소와 욕실의 배수는 직배관을 통해 도로변에 있는 벽돌로 된 매설 본관에 연결되고, 본관의 중요한 접합부에는 청소와 점검이 가능하도록 맨홀까지 설치해 두었다. 거대한 물구덩이를 지하에 파두고서 오폐수가 흘러들도록 하였고, 일부는 하천으로 흘러들게 했다. 그렇다고 이런 시설은 오늘날의 도시환경 구조물로 견줄 수 있는 그런 것이 아니라, 단지 '지하의 죽은 자에게 물을 보낸다'라는 그들의 의식세계에서 비롯된 것으로 추정될 뿐이다.

인더스 강 유역에는 기원전 2,500년 경부터 청동기와 문자를 사용한 문명이 생겨났다. 인더스 문명은 잘 정돈된 도시와 완비된 위생설비의 유적으로 유명하다. 급수시설, 욕실, 좌변수세식 변소, 집집마다에서 나오는 오수는 직립형 토관(土管)을 통해 도로에 매설된 본관에 배출되었다. 침전 오니(汚泥)는 시 당국에 의해 정기적으로 회수되었다. 쓰레기는 집 내부에서 투각 방식으로 외벽에 붙어 있는 쓰레기통에 버렸고, 시의 청소담당자에 의해 정기적으로 수집해 가도록 했다. 그러나 아리아인의 침입과 벽돌 제조로 인한 삼림의 소실, 거듭되는 홍수 등으로 인더스 문명은 급속히 쇠퇴하고 말았다. 안타깝게도 인더스 문명의 훌륭한 도시 계획과 한층 진보된 환경 시스템은 후세에 계속 이어지지 못하였다.

나일강 유역의 이집트 문명은 여타 문명에 비하여 환경적으로 뒤쳐진 문명으로 알려져 있다. 도시는 무계획적이고, 벽돌, 목재, 짚 등으로 만들어진 작은 집들이 어수선하게 즐비해 있었다. 쓰레기 투기와 공중배설의 장소는 가까운 공터나 그냥 길바닥이었다고 한다. 전염병 병원균을 옮기는 쥐와 벼룩이 들끓는 그런 불결한 도시환경에 시민들은 그대로 노출되어 있었다. 금속 제련을 위해서 대량으로 삼림이 파괴되었고, 과도한 가축 방목으로 토지는 황폐해지고, 마침내 이집트 문명은 지속가능성을 잃고 소멸하고 말았다.

황하 문명의 쇠퇴는 강 유역의 삼림 황폐화와 그에 따른 자연자원의 고갈에 의한 것으로 알려져 있다. 황하강 유역에서 수령 2,000여 년의 느티나무 화석이 발견되었으나, 오늘날에는 그런 느티나무가 한 그루도 관찰되지 않는다. 이처럼 4대 문명 발상지는 비위생적인 도시환경과 자연자원의 고갈로 토지의 잠재력 상실과 반생명적 환경으로 전락하면서 사람이 살지 못하는 땅이 되고, 마침내 소멸의 길로 들어 선 것이다.

이후 도르래와 기중기, 나선 스크류, 프레스와 펌프 등 독자적인 철기문화를 쌓아올린 그리스 문화가 태동하였다. 하지만 아테네와 같은 상업도시의 발달과 더불어 도시 생활환경은 이전과 마찬가지로 불결했던 것으로 알려져 있다. 도시의 하수도 설비와 쓰레기 처리는 전혀 이루어지지 않았다. 히포크라테스는 그런 가운데에서 발생하는 위생 환경문제에 관심이 컸던 의사였다. 그리스의 철기문화 발달은 삼림을 소멸시켰다. 척박한 국토에는 소나무류 침엽수와 올리브 정도가 생육하는 바위산으로 그 생태계는 크게 황폐화 되고 말았다.

파르테논 신전을 축조한 예술적인 그리스인에 비하면, 로마인들은 기술자들로서 각종 환경시설을 체계적으로 구축하였다. 시멘트와 아치 공법을 이용하여 하수도와 관개용 운하를 축조하였다. 세면장, 욕실, 수세식의 공중변소를 보급하였고, 도로에 쓰레기를 버리는 것을 금지하고, 심지어 정기적인 물청소를 제도화하였다. 그러나 도시 인구집중으로 환경용량이 초과되면서 로마는 서서히 슬럼화가 진행되고 말았다. 로마시의 대화재, 부유 계층의 귀금속으로 만들어진 수도관, 식기에 의한 납 중독과 그로 인한 생식능력의 상실, 연쇄적인 토양의 피폐화, 기후의 건조화, 정치의 경직화 등등의 복합적이고 총체적 이유로 로마는 마침내 붕괴되고 말았다. 그러나 수차나 하수도 시스템만은 중세로 이어져 후세에 전래되었다.

르네상스 또는 콜럼버스의 북미대륙 발견까지 약 1,000년간의 중세 도시는 남겨진 로마 유산 위에 발전하였다. 외적의 침입을 막으려고 성이 축조되면서 성 내에는 인구 과밀 현상이 발생했다. 농촌 인구의 성내 유입으로 성을 중심으로 한 도시 발달이 급속히 진행되었고, 성 내의 생활환경은 극도로 열악해졌다. 피혁, 염색, 인쇄업, 고기·생선 가게 등으로부터 나오는 폐기물, 성 내에서 기르는 가축 분뇨와 사체 등은 주변 하천에 넘쳐흘렀다. 쓰레기 투각 방지를 위한 벌금 제도가 있었으나 효과를 거두지 못하였다. 18세기에 이르기까지 중세 도시의 환경은 극도로 불결하였고, 흑사병이 반복하여 발생하는 지경에 이르렀다. 중세 유럽 사람들에게 삼림은 식량 및 에너지의 원천이었으나, 끊임없는 개간과 전쟁물자 조달을 위한 공업 발달로 삼림은 급속히 소실되었다. 오늘날 유럽에서 원시 처녀림(virgin forests)을 관찰하기 어려운 것은 중세의 삼림황폐화에서 비롯된 일이다. 한편 르네상스, 제국주의 확산, 대항해(大航海), 종교개혁 등이 근대 유럽문화의 계기가 되었고, 아담스미스 등의 자유주의 경제 흐름이 산업혁명으로 이어졌다. 근대 유럽은 중세 이후 계속되었던 불결한 도시환경을 개선하지 못하였다. 진성 콜레라가 크게 유행하게 된 이후에야 비로소 하수도에 대한 인식이 고조되었을 정도였다.

근대 산업혁명은 새로운 환경문제를 야기하게 하는 역사적 사건으로 기록된다. 과거의 원시적이고 일차적인 환경오염원에 의한 생활환경의 쇠퇴와는 근본적으로 다르기 때문이다. 대규모 생산과 소비를 기본 골격으로 하는 자본주의가 태동했던 것이다. 활발한 산업 활동은 석탄 연소로 내뿜는 연기, 그런 종류의 환경오염 물질들을 대량으로 배출하였다. 산업 폐기 물질의 광역성(廣域性)과 시차성에 의한 환경문제는 시공간에 제한받지 않음으로써 사회적 국가적 문제로 대두되었다. 벨기에 뮤즈계곡 일대에서 발생한 대기오염 사건(1930년)은 60명 이상을 사망하게 한 세계 최초 환경오염 사건으로 기록되고 있다. 그로부터 약 20년이 지난 1952년에는 치명적인 스모그현상이 영국 런던에서 발생하였다. 안타깝게도 1,500여명이 목숨을 잃었다. 이러한 사건들은 산업혁명 기간 동안 고갈된 목재연료 대신 석탄을 대체 에너지원으로 사용하면서 발생하였다. 정제되지 않은 채 배출된 석탄연소 연기로 황산안개(sulfuric acid mist)가 발생했기 때문이다. 수많은 시민이 생명을 잃고, 막대한 경제적 손실이 발생한 최초의 환경재앙으로 기록되고 말았다. 그런데 이러한 스모그 현상은 인구가 밀집한 오늘날의 대도시에서도 빈번하게 발생하고 있는 실정이다(그림 6). 자동차 매연과 미세 먼지가 과거 그런 스모그 현상을 더욱 심화시키는 결과로 낳고 있다. 북경을 중심으로 하는 중국 동부 지역에서 발생하는 스모그 현상은 편서풍을 타고 우리나라를 포함한 주변국의 대기환경에도 심각한 영향을 미치고 있다.

결국 인류는 고대로부터 중세, 근대, 그리고 오늘날에 이르기까지 끊임없는 삼림황폐화와 환경 오염물질의 대량 발생이 자연메커니즘의 복잡성과 얽히면서 예측불가능한 환경 재해에 직면하고 있는 실정이다. 이제 21세기 지구 인류 문명사회를 선도하는 3대 첨단 도시산업 문명은 환동해 동아시아지역과 북미지역과 중서부 유럽의 온대(제7장 참조)를 중심으로 꽃피우고 있다. 4대 고대문명의 쇠퇴로부터 우리는 무엇을 교훈으로 삼을 것인가!

[그림 6] 로스앤젤레스의 광스모그 현상(Heinrich et Hergt, 1996). 대기 온도의 역전 현상으로 대기오염물질은 확산되지 않고, 지상 가까이에 집적되면서 광스모그 현상은 발생한다.

도움글

비사용의 가치(non-use value): 환경경제학의 주된 목표는 생물다양성(다양한 생물종)과 그 기반이 되는 자연환경 조건(토양, 물, 암석 등)을 포함하는 지구 생태계 구성요소에 대한 가치를 매기는 방법을 개발하는 데에 있다(Primack, 1996). 그런 가치는 직접가치(개인재화, private goods)와 간접가치(공공재화, public goods)로 구분한다(McNeely et al., 1990). 직접가치는 다시 일부 지역적으로 소비되는 소비적 사용가치(consumptive use value)와 시장에서 팔리는 생산적 사용가치(productive use value)로 나뉜다. 지금까지 우리에게 익숙했던 모든 가치는 이와 같이 직접가치만을 제한적으로 고려했던 부분이다. 그러나 지구생태계의 구성요소는 오염에 대한 자정작용과 같은 환경과정(environmental processes)과 쾌적한 공기를 공급하는 녹색 식물사회의 기능과 같은 생태계서비스(ecosystem services)라는 가치가 더욱 크다. 환경과정과 생태계서비스와 같은 지구생태계 구성요소의 기능은 우리의 지속가능한 삶을 보장하는 기반이고, 직접적으로 사용되지 않으면서 소비되지도 않는 비사용 가치이다. 이런 지구생태계 구성요소의 비사용 가치 즉 생태계서비스 가치의 항목은 다음과 같다.

- 생태계 생산성 – 태양에너지를 포집하는 녹색식물의 광합성 능력
- 수자원과 토양자원의 보호 – 가뭄, 홍수, 수질 등을 완충하고 보전
- 기후조절 - 국지적, 지역적, 지구적 수준의 기후 조절 능력
- 쓰레기 처리 – 생물체(특히 분해자)의 오염물질 분해와 처리 능력
- 생물종간의 상호관계 – 인류 식량자원을 제공하고 야생생물종 간의 먹이 제공
- 휴양과 생태관광(ecotourism) – 자연 경관의 쾌적성에 따른 휴양과 생태관광
- 교육적 과학적 소재 – 교육과 오락을 위한 도서출판, TV 프로그램 및 영화의 소재
- 환경 감시 기능 – 생물종을 이용한 환경 진단과 조기경보시스템

수용범위(carrying capacity): 생물집단(개체군) 내에서 출생률과 사망률의 관계로부터 인구(population) 밀도는 조절된다. 출생률과 사망률이 균형을 이루는 안정적인 밀도를 보여주는 지점을 그 집단의 수용범위라 한다. 즉 수용범위는 어떤 공간 범위 내에서의 특정의 인구밀도 또는 인구수이다. 자원과 식량(먹이)이 증가하거나 감소하는 경향성이 없는 가운데, 집단크기(population size = capacity)를 일정하게 유지할 수 있는(carrying) 정도를 말한다(Begon et al. 1996). 여기에서 자원과 식량(먹이)이란 무한한 것이

아니라, 유한한 것이기 때문에 그것이 고갈되거나 감소하면 집단의 크기는 점점 더 위축될 수밖에 없다. 그러므로 지구 자연자원의 고갈, 낭비, 질적 쇠퇴는 인류의 파멸을 이어질 수밖에 없다(그림 2 참조). 지탱가능한 지구 자연자원의 건전한 이용이 요구되는 지점이다.

엔트로피 법칙과 환경오염: 에너지가 어느 한 상태로부터 다른 상태로 변환될 때에 반드시 모종의 불리한 상황이 부과되는 법칙이다. 미래의 어떤 일을 하는데 '사용 가능한 에너지양이 손실' 됨을 의미한다. '엔트로피'란 용어는 독일 물리학자 C. Rudolf(1868년)가 처음 창안했지만, 기본 원리는 그보다 41년 앞서 프랑스 장교 C. Sadi에 의해 발견되었다. 물이 댐 위의 높은 곳으로부터 아래로 떨어지는 동안 전기를 일으키거나, 수차를 돌리거나, 또는 다른 종류의 일을 할 수 있다. 그러나 일단 바닥에 떨어진 물은 더 이상 일을 수행할 수 없다. 이를테면 이들 두 상태는 '사용 가능한 에너지' 그리고 '사용 불가능한 에너지' 를 가리킨다. 그러므로 엔트로피의 증가는 이러한 '사용 가능한 에너지의 감소'를 뜻한다. 자연계에서 무슨 일이 일어날 때마다 얼마간의 에너지는 더 이상 사용 불가능한 에너지로 끝이 난다. 이런 사용 불가능한 에너지의 한 사례가 바로 공해(pollution)이다. 실제로 환경오염이라는 것은 사용 불가능한 에너지 형태로 변환된 사용 가능한 에너지의 총량으로 표현할 수 있다. 결국 쓰레기는 에너지가 흩어진 상태로 에너지 수준이 낮은 것을 의미한다. 에너지는 창조되거나 소멸되지 않으며, 다만 그 형태가 바뀔 뿐이다(열역학 제1법칙). 또한 자연계에서는 에너지가 분산된 무질서(disorder) 상태(에너지 수준이 낮은 상태)로의 한 방향으로만 변환이 가능하다(열역학 제2법칙). 엔트로피는 닫힌계에서 에너지 수준의 차이가 없어지는 방향으로만 변화를 일으킨다. 사용 불가능 에너지 상태를 구속에너지(bound energy)로 표현한다. 결국 환경오염은 엔트로피에 대한 또 다른 표현으로 현재 사용 불가능한 에너지에 대한 척도이며, 더 이상 일로 전환될 수 없는 에너지의 양에 대한 척도이다.

생태계 (ecosystem): 어떤 영역 내에서의 비생물적(abiotic) 요소와 생물적(biotic) 요소 간의 상호작용으로 이루어지는 복합과정이다(그림 7, 8). 즉 일반적으로 환경조건이라 부르는 기후, 지형, 지질, 토양 등의 물리적 요소와 그 속에 살아가는 생물군집의 복합체이다. 생태계는 일정한 경계영역으로 나타낼 수 있는 '공간' 단위이면서 지구환경의 기본단위이다. 따라서 하나의 생태계는 여러 종류 생물들과 그 생물들의 삶을 지지하는 바탕 즉 다양한 환경조건을 포함한다.

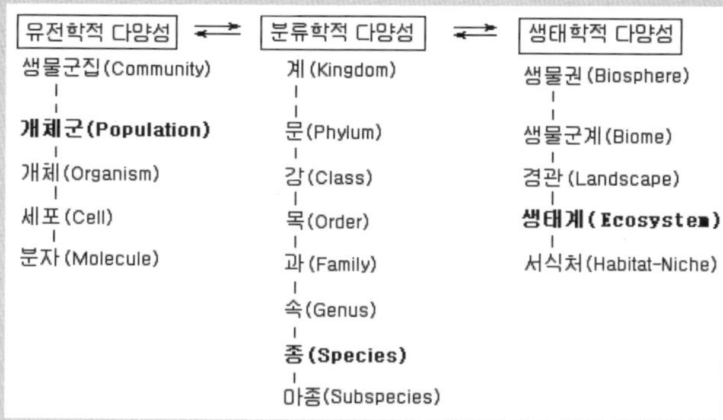

[그림 7] 생태계 개념의 체계적 이해(di Castri, 1995). 개체군(個體群)과 종(種)은 유전학 및 분류학의 기본단위이다. 생태계는 지구환경을 이해하기 위한 기본단위가 된다.

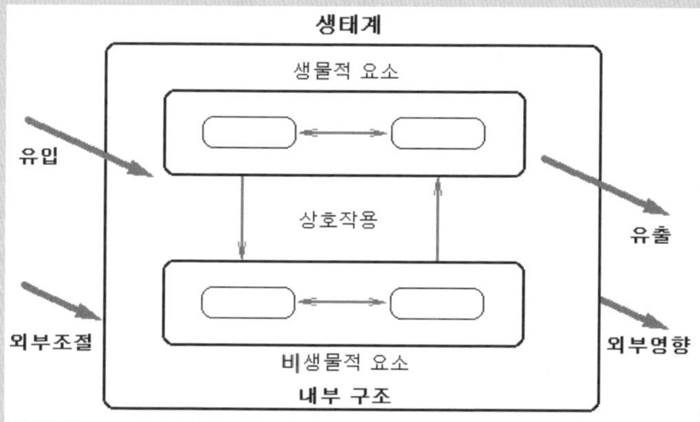

[그림 8] 생물적 요소와 비생물적 요소들 간의 상호작용으로 이루어진 공간 단위, 생태계(Cox, 1993로부터 약간 변형). 생태계는 물질과 에너지의 끊임없는 순환과 출입이 일어나는 역동적인 계로서 개방계(open system)이다. 생물적 요소들 간의 상호관계는 포식, 경쟁, 기생 등의 생태적 과정(ecological process)으로 이루어지며, 비생물적 요소는 기후, 지형, 지질, 지리 등의 환경 조건을 가리킨다.

이 생각 저 생각

해바라기와 명아주를 통해서 보는 존재가치

모든 자연은 존재하는 그 자체로 가치가 있다. 해바라기 꽃 한 송이는 상품가치로 일천 원 남짓이다. 하지만 해바라기가 어떤 시공간에 존재함으로써 수십 수백억 원에 경매되는 화가 고흐의 해바리기 그림 속의 재료가 되었다. 이와 같이 하나의 식물종이 들판에 존재함으로써 가능한 그런 가치를 문화적 가치 또는 심미적 가치라고 하며, 존재가치(existence value)의 일례이다. 이처럼 해바라기를 직접 이용하면서 발생하는 물질적 금전가치보다는 그렇게 직접 이용하지 않는 가운데서 발생하는 비사용가치(非使用價値, non-use value)인 존재가치가 훨씬 크다.

쓰레기터에는 다양한 잡초들이 산다. 그 가운데 명아주 종류가 단연 으뜸이다. 사람이 모여 사는 도시나 농촌 마을 근처 쓰레기가 쌓인 곳이라면 흔하게 볼 수 있다. 명아주 종류는 비옥한 땅에 살다보니 성장 속도가 무척 빠르다. 속이 꽉 차있지 않아서 식물체는 가볍다. 1년만 사는 한해살인데도 키가 3m까지 커서 마치 작은 나무처럼 보인다. 퇴계 이황 선생은 이 명아주 줄기를 지팡이로 이용했다. 청려장(靑藜杖)이라 부르는데, 쓰레기터 잡초인 명아주 줄기로 지팡이를 만들고, 그 지팡이를 짚고서 낙동강 변을 산책하며 성리학을 집대성한 셈이다. 이처럼 고흐의 해바라기 그림과 퇴계의 청려장에서 보는 것처럼 생태계를 구성하는 자연의 구성분자들은 그 자체의 물질적 가치보다는 존재가치가 무궁무진하다. 주변에 보이는 야생의 잡초라도 허투루 하게 볼 수 없는 까닭이다. 우리 눈앞에 놓여 있는 어떤 것도 그렇게 존재가치를 가진다. 존재가치에 대한 깊은 사색은 자연생태계나 지구환경을 보존하는 일의 출발점이다. 우리 자신도 모두 그런 존재가치의 존귀한 존재이다. 여기서 우리는 우리의 삶을 한층 더 넉넉하고 아름답게 하기 위해서라도 자신과 이웃의 존재가치를 한 번쯤은 짚어볼 일이다.

제2장

지구환경과 생태계

1. 지구환경의 진화와 변화
2. 지구 생태계
3. 생물다양성
4. 생리적 최적 환경과 생태적 최적 환경

제2장

지구환경과 생태계

생태계 속에 야생생물 집단은 처음에는 서서히 변화하다가 시간이 경과되면서 종말에 가까워질수록 그 변화의 속도는 급속히 빨라진다. 인류 사회는 과학기술, 에너지 사용, 정보 전달 매체, 교통 운송 수단 등에 비약적인 발전을 성취했지만, 이는 지구 일생 가운데 겨우 1억분의 1에 해당하는 극히 짧은 시간 만에 일어난 일이다. 이것은 마치 자연계 속에서 일어나는 일련의 생태적 과정과 방식에 정확히 투영된다. 모든 생물 개체군(집단)은 발생으로부터 소멸에 이르기까지 그 종말에 가까워질수록 변화속도는 급격히 치닫는다. 따라서 지구 인류의 지속가능성은 그런 속도를 조절하고자 하는 인간의 지혜로움에 달려 있다.

장구한 지구 역사 속에 만들어진 너덜겅의 자연 경관(청송)

1. 지구환경의 진화와 변화

- 지구에 미치는 인류 영향은 점점 커지고, 마침내 지구변화 속도는 예측 불가능한 사태에 이르렀다.
- 1만 년 전에 태동한 인류문명은 24시 지구진화시계로 환산하면 23시 59분 59초의 남은 1초 보다 짧은 약 0.18초 동안의 사건이다.
- 지구의 막내로 태어난 인간은 45억 년의 지구 진화 역사 전체를 이 짧은 순간에 송두리째 교란시키는데 문제가 있다.

약 150억 년 전 우주는 공간과 시간과 에너지가 동시에 일어난 빅뱅 이후로 존재해 왔다. 그로부터 105억 년이 경과하면서 태양 주위 미행성들의 충돌과 합체의 반복으로 지구는 탄생했다. 탄생 직후의 지구는 뜨거운 용암 덩어리였다. 미행성들의 충돌이 잠잠해짐에 따라 냉각되면서 지각이 형성되었다. 주로 수증기와 이산화탄소로 이루어졌던 원시대기는 큰 비를 만들고 마침내 바다가 생겼다. 대륙은 25~10억 년 전 작은 대륙들의 충돌과 합체에 의해 온전한 실체가 드러났다. 지구 탄생 직후의 대기는 수소와 헬륨으로 이루어져 있었고, 그 이후 원시 생명의 탄생까지 오늘날의 화산 분출 가스와 같은 유사한 대기 조성으로 변화했다. 여전히 산소를 포함하지는 않았다.

최초 원시생명체는 지금으로부터 약 35억 년 전 바다에서 생겨났다. 산소가 없는 상태에서 탄생한 원시세포는 현재의 대장균과 같은 단세포의 생물이었다. 그로부터 30억 년 이상의 시간이 경과한, 지금으로부터 2~3억 년 전에야 비로소 광합성 식물들이 육지로 상륙하여 번식함으로써 대기 중에 산소를 증가시켰던 것이다. 대기 중에 증가한 산소는 대기 상층부에 오존층을 만들었다. 강렬한 자외선과 유해 광선을 차단하는 오존층은 바다 속의 조개류와 어류들로 하여금 육지로 상륙하여 살 수 있는 환경을 제공했다. 약 3억 년 전의 일이다. 서서히 양서류와 파충류는 육상 생활에 적응해 가면서 진화했다. 마침내 쥬라기와 백악기에는 공룡의 전성기를 맞이한다.

지금으로부터 약 6천 5백만 년 전 대형 운석 충돌에 의해 지구환경에 급격한 대변동이 발생하는데, 마침내 기온과 일조량의 저하로 인한 식량 부족으로 몸체 큰 공룡부터 사라지는 지구 대재앙으로 이어졌다. 공룡의 전성시대를 전후해 살아온 조류와 포유류는 몸체가 작고 체온을 일정하게 유지할 수 있어서 빙하시대에도 살아남을 수 있었다. 빙하기에 살아남은 포유류는 신경계가 발달하여 뇌가 커질 가능성을 가지고 있었다. 약 5백만 년 전의 사건으로 이 포유류가 바로 인간을 포함한 영장류의 태동이다. 아우스트랄로피데쿠스(원인)로부터 북경 근처에서 발견된 시난트로프스(북경원인)에 이르기까지 원시 인류는 아궁이를 이용한 불 사용과 여러 가지 석기류를 이용하였다. 한 장소에 무리를 지어 집단생활을 시작함으로써 원시 형태의 환경문제가 발생하기 시작한 셈이다.

지금으로부터 3.5~20만 년 전에 전성기를 이룬 네안데르탈인에게는 여러 가지 변화가 있었다. 빼어난 석기를 제조하고 그 마무리도 깔끔했다. 죽은 사람을 위해 예식을 갖춘 장례와 종교적인 절차와 같은 정신적으로 성숙한 면모를 보여주었다. 100만 년 동안의 빙하기가 끝나고 후기 구석기시대의 일이다. 이른바 지중해 서부에서 유럽 서부에 걸친 무스테리안 문화이다. 정교한 석기, 장식품, 모피로 만든 의류 등을 만들고 부싯돌 발화법(發火法)을 지녔다. 단순한 발성이 아니라 복잡한 언어 체계도 익히기 시작했다. 나무와 뼈로 만든 돔 형태 집에서 기거하면서 야생 동물을 잡아먹으며 이동생활을 하였는데, 마치 현재의 방목민(放牧民)과 다를 바가 없었다. 그 후 약 5만 년 전부터는 문화의 발전이 급속히 진행되었다. 화목을 채취하면서 본격적인 에너지 사용이 시작되고, 약 1만 년 전경부터 원시 목축, 농업을 하게 되었다. 하지만 선사 인류의 이런 생활양식은 여전히 지구 생태계의 환경용량 수용범위를 벗어나지는 않았다(그림 9).

[그림 9] 호주 원주민의 원시생활(Langston, 1998). 원주민의 토착 생활양식은 그 지역의 환경 수용범위(environmental carrying capacity) 안에서 이루어졌다.

그러나 겨우 3백 년 전부터 석탄은 시작되었고, 그 이후 기름, 가스 등의 화석연료를 이용한 급속한 공업 발달이 진행되면서 지구 환경용량을 초과하는 심각한 문제를 야기하기에 이른다. 이와 같은 공업문명의 발달은 동시에 식량생산, 질병퇴치, 수명 연장 등에 대한 기술발달이 수반되고, 결과적으로 기하급수적인 세계인구 증가로 이어졌다. 1830년대에 세계인구가 10억 인에 불과하던 것이 2000년대에 들어서면서 60억 인을 넘어섰다. 결국 지구에 미치는 인류의 영향은 점점 커질 뿐만 아니라, 그에 따른 지구환경의 변화 속도 또한 예측 불가능한 사태로 진행되고 있는 양상이다. 화석연료 사용량의 급격한 증대, 집약적인 농업, 과도한 어획, 대규모 삼림 벌채, 지하자원 채굴 등을 통해 지구환경 문제는 점점 심각한 상황으로 깊어졌다. 예측불허의 잇단 환경재해가 발생하는 것도 이런 사실과 무관하지 않았다. 지난 한 세기 동안 에너지 사용 기술, 정보의 폭발, 교통 운송 수단 따위가 비약적으로 발전하였지만, 이것은 지구의 일생 가운데 겨우 1억분의 1의 극히 짧은 시간에 일어난 일들이다(그림 10).

그림 11에서 보듯, 기하급수적으로 치닫는 그래프 모형은 마치 자연 생태계에서 보는 개체군의 자연 발달 그리고 소멸 방식과 정확히 일치한다. 그렇다면 우리 인류가 추구하는 비약적인 발전이라는 것의 그 궁극은 무엇인가? 지혜의 동물, 호모사피엔스, 더 늦기전에 우리는 심각하게 뒤돌아 보아야 할 지점에 서 있다.

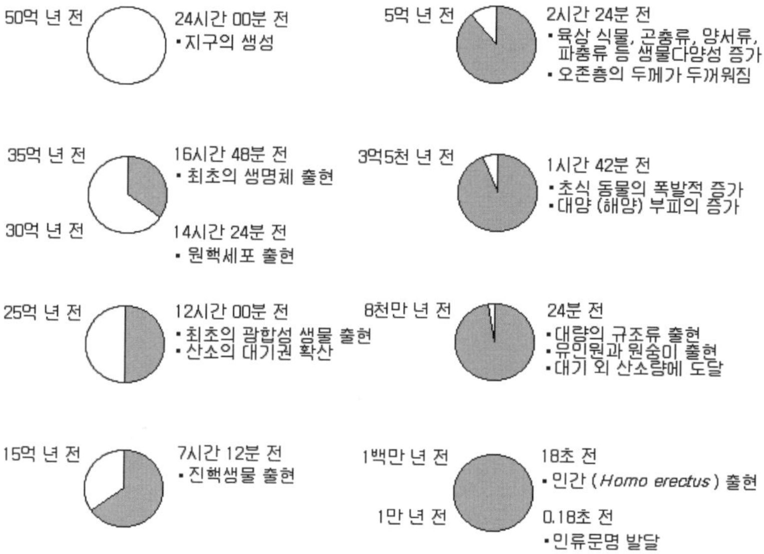

[그림 10] 지구의 진화시계. 1만 년 전부터 발달한 인류의 24시간의 지구시계로 환산하면 23시 59분 59초의 사건이다. 그 만큼 지구라는 푸른 혹성에 우리가 살기까지 그렇게 긴 준비의 시간이 필요했다는 사실을 말한다. 그런데 1초 보다 짧은 약 0.18초의 시간 속에서 인류는 지금 자신의 삶의 기반이 되어주었던 지구, 그 지구의 진화 역사 전체를 파괴할지도 모를, 앞으로만 치닫는 경제개발에 몰두하고 있다.

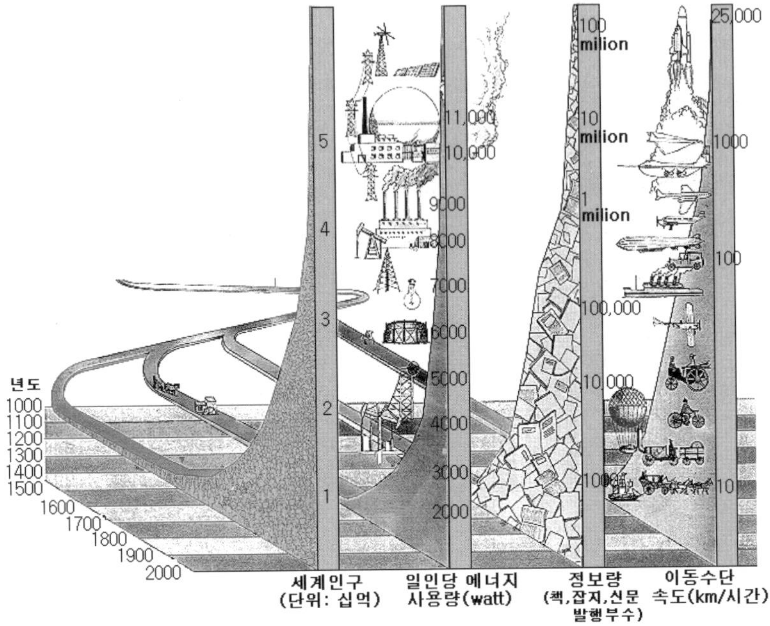

[그림 11] 지구환경과 인간활동(White, 1996). 1990년대 이후의 인구수, 에너지사용량, 정보량, 이동수단 속도 등은 기하급수적인 비율로 증가하는 양상을 보인다. 이것은 생물집단의 생성과 소멸을 보여주는 생태계의 일반적인 개체군 성장 모형과 정확히 일치한다. 예를 들면 한 달이 경과해야 호수면 전부를 덮는 어떤 생물 집단이 있다고 가정하자. 처음 한두 포기로 시작한 생물은 서서히 집단의 크기가 증가하면서 호수면 절반을 덮는 데는 29일이 소요될 것이다. 남은 호수 절반은 한 달의 마지막 하루 동안 뒤덮게 된다. 그러나 그 다음 날부터 무한정의 자원이 공급되지 않는 이상, 자원의 고갈로 그 생물집단은 파국을 맞이할 수밖에 없다. 지구라는 혹성뿐 아니라, 지구 속의 모든 자원은 시공간 속에서 제한적이다. 지구는 인류가 지속적으로 살아가야 할 하나뿐인 마치 그런 호수와 같은 존재이다.

2. 지구 생태계

- 지구는 끊임없이 변하는 역동성과 더불어 진화하는 생물적·비생물적 요소들로 이루어진 계이다.
- 그런 지구 생태계의 토대는 토양과 물과 공기이다.
- 살아 숨쉬는 지구 생태계, 그 바탕은 에너지 흐름과 물질 순환을 시작하게 하는 녹색 식물이다.

생태계는 생물적 요소와 비생물적 요소로 구성되고, 이들 간의 상호작용을 통해서 자체적으로 계(system)를 조절하고 기능하는 지구환경의 최소 단위이다. 따라서 생태계는 끊임없이 변해가는 역동성을 가지며, 생물적 비생물적 요소들 간의 상호작용에서 생겨나는 **창발성**의 진화가 보장되는 하나의 계이다. 흔히 말하는 생태계 파괴라는 것은 외적 요인에 의한 환경 변화의 결과, 해당 생태계의 기존 구성 요소들의 상호 간의 조절 기능에 심각한 변화를 일으키는 경우로 정의할 수 있다(그림 3 참조).

생물적 요소는 생산자, 소비자, 분해자로 구분할 수 있고, 식물은 태양에너지를 이용하여 유기물을 만드는 생산자이다. 인간을 포함한 동물은 그 유기물로 생명을 유지하는 소비자이고, 미생물은 동식물의 사체나 배설물을 분해하는 분해자이다. 이 세 가지 구성 요소가 토양, 대기, 물 등의 무기적 환경과 더불어 상호 영향을 끼치고 의존하면서 복잡한 구조의 생태계를 만든다. 모든 생태계가 자연적인 것만은 아니다. 경작물을 중심으로 만들어낸 논과 밭은 인위적인 생태계이고, 도시는 더욱 인간 중심의 인위적 생태계이다.

이러한 생태계의 구성 주체인 식물과 우리를 포함한 동물은 그 몸체를 이루는 구성 원소가 있다. 토양, 물, 공기 따위는 그런 구성 원소의 공급원이다. 생물체를 구성하는 화학 원소로 탄소(C), 산소(O), 수소(H), 질소(N)는 다량으로 필요하고, 인(P), 칼슘(Ca), 마그네슘(Mg), 칼륨(K), 황(S), 나트륨(Na), 염소(Cl), 철(Fe), 망간(Mn) 등은 미량으로도 충분하다. 이러한 화학 원소가 지속적으로 공급되어야 생명체는 생명성을 유지하고 종족을 보존할 수 있다. 지구적 시각으로 보면 이러한 화학 원소의 양은 일정하고 한정적이다. 생물들이 자신의 생명활동에 지장이 없이 유지할 수 있는 것은 이들 원소들이 화합물로서 그 형태만 바뀔 뿐 **수권, 지권, 기권, 생물권**을 순환하며, 끊임없이 재이용되고 있는 덕이다(그림 12). 각각의 화학원소는 그런 권역에 따라 순환 속도에 차이가 있고, 외부 교란으로 이 순환에 장애가 일어나면 생태계는 큰 혼란을 겪는다(그림 13). 예를 들면, 토양 침식으로 지표면의 표토(topsoil)가 유실되면 많은 양의 미네랄 유실이 일어나고 결국 농경작에 결정적 손해가 발생한다. 암석으로부터 풍화되어 생겨난 토양 1센티미터 깊이는 약 1천 년이 소요되고, 경작을 위한 최소한의 표토 10센티미터 두께를 확보하기 위해서는 1만 년 이상을 기다려야 한다.

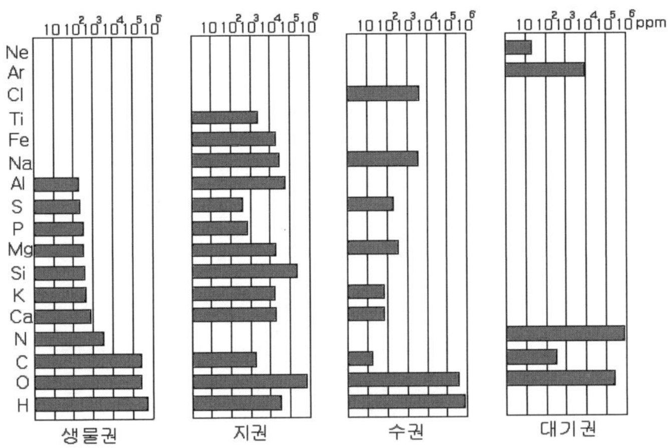

[그림 12] 지구의 권역별 화학 원소 구성(Heinrich et Hergt, 1994). 권역별로 원소의 질적·양적 구성은 다르다. 탄소(C)는 생물권 즉 생물체 몸체 속에 가장 많이 저장되어 있고, 질소(N)는 기체 형태로 대기권에 가장 많이 저장되어 있다. 탄소의 최대 저장 창고는 삼림이다. 따라서 벌채와 산불은 대기권 속의 탄소 구성비에 큰 변화를 초래하는 원인이다.

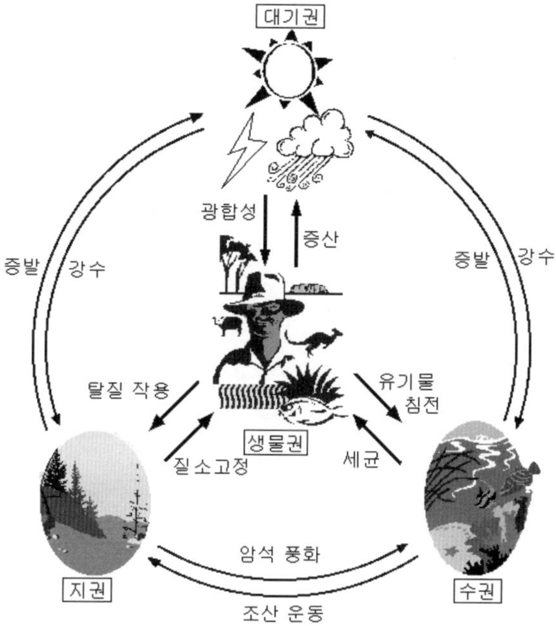

[그림 13] 생물권, 지권, 수권, 대기권의 상호관계. 지구의 4대 권역은 에너지 흐름과 물질 순환의 복잡한 메커니즘으로 긴밀하게 이어져 있다. 일차 생산자인 식물은 광합성 작용에 의하여 태양에너지를 생물이 이용 가능한 화학에너지로 바꾸고, 대기권 내에 흩어져 있던 탄소(C)를 고정해 주는 유일한 장비이다. 결국 지구상의 삼림 면적 감소는 곧 지구 생태계의 **항상성(homeostasis)**을 교란시키는 원인이다.

한편 생명체가 생명활동을 영위하기 위해 필요한 에너지는 태양으로부터 얻는 빛에너지에서 기원한다. 태양으로부터 지구 외기권(外氣圈)에 도달하는 빛에너지는 1분에 1평방 센티미터에 2칼로리(2cal/cm^2/분)이고, 대기를 통과하면서 흡수 또는 반사되어 실제로 생명체가 이용하는 양은 매우 적다. 빛에너지는 녹색 식물의 광합성에 의해 화학에너지로 전환되고, 이 화학에너지는 생산자, 소비자, 분해자의 에너지로 쓰인다. 생태계 내의 에너지 흐름은 태양에서 식물로, 식물에서 동물, 그리고 미생물로 이어지는 일정한 방향으로 일어난다(그림 14). 따라서 지구 생태계를 부양하는 생명 에너지는 빛에너지로부터 화학에너지로의 전환을 담당하는 일차생산자인 녹색 식물의 결정적인 역할에 의존한다. 지구상에 살아 숨쉬는 생명체 총무게(생체중량)의 99%는 식물이고, 그 3/4 이상을 삼림이 저장하고 있다. 삼림의 존재가치에 주목해야 하는 까닭도 여기에 있다.

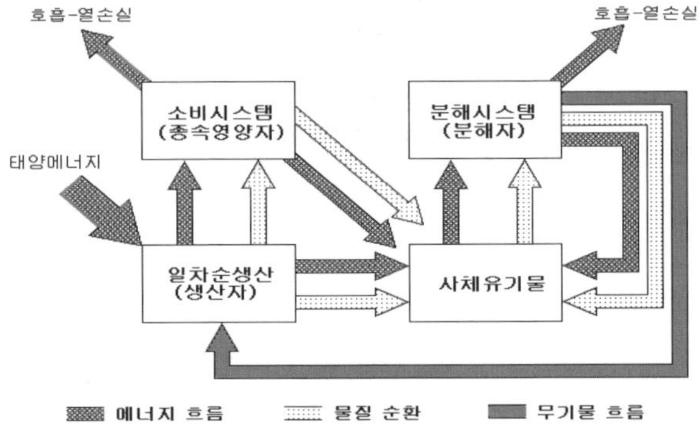

[그림 14] 생태계의 에너지 흐름과 물질순환(Begon *et al.*, 1996). 태양 광선에너지는 지구생태계 내의 일차생산자인 녹색식물의 광합성에 의하여 지구생태계 내로 유입된 후, 일정 방향으로 흐른다. 반면에 일차생산자에 의해 만들어진 물질은 생태계 내의 영양단계(먹이망)를 통하여 순환한다. 이러한 물질 순환과 에너지 흐름은 지구생태계의 항상성을 유지하는 결정적 메커니즘이다.

도움글

수권 : 지구 표면의 약 71%는 물로 이루어진 수권(水圈, hydrosphere)이다. 물은 자연자원 중에서 인간이 가장 많이 이용하는 물질이다. 대양의 해수, 육지 내의 담수와 지하수 상태로 존재하는데, 이러한 물의 약 97%가 해수이다. 해수에 포함된 소금의 양은 평균 35g/L이고, Na^{+}, Mg^{2+}, Cl^{-}, SO_4^{2-} 등의 이온물질이 풍부하다. 인간을 포함한 육상생물이 이용하는 물은 호수와 강과 시내와 같은 지표수와 지하수이고, Ca^{2+}, HCO_3^{-}를 많이 포함하는 담수(맹물)이다. 그런데 그 양은 겨우 0.77%에 지나지 않는다. 일반적으로 수자원이라 부르는 까닭도 이처럼 극히 제한된 자원이란 사실을 말한다. 이렇게 이용가능한 수자원 가운데 47%는 농업용수, 44%는 공업용수, 나머지 9%는 생활용수로 쓰이고, 이렇게 소비한 물의 2/3는 지표수나 지하수로 다시 회수되고, 나머지 1/3은 생물체 몸을 구성하거나 대기 중으로 증발되어 소실된다.

지권 : 지구 표면은 암석권과 토양권으로 된 지권(地圈, lithosphere)이다. 암석권은 두께 30~35킬로미터의 지각으로 화학적 원소를 대량으로 함유하고, 이들 원소들은 생물체 몸을 구성한다. 암석권은 수권과 물질을 교환한다. 화산분출을 통해서 이산화황(SO_2)과 황화수소(H_2S)를 대량으로 방출하고, 토양 형성물질도 다량으로 공급한다. 지표로부터 약 5미터 깊이까지를 토양권이라 하고, 육상생물에게 가장 적합한 생활 영역이다. 토양은 광물의 무기 물질과 생물체의 유기 물질로 이루어진 전환 물질이고 동시에 혼합물로서 환경 조건에 의해 늘 변화한다.

기권 : 지구를 둘러싸고 있는 기권(氣圈, atmosphere)은 이산화탄소나 산소와 같은 생물체에 필요한 물질을 공급하며 지권 및 수권으로부터 증발되는 수증기를 가지고 있다. 대기의 순환은 대기 구성 성분을 일정하게 유지시켜 주는 역할을 한다. 자연적인 대기는 질소 78%, 산소 21%, 이산화탄소 0.03%, 기타 수증기와 미량의 기체 상태의 화학 물질로 이루어져 있다. 그 밖에 기체 및 고체 형태의 오염물인 이산화항, 질소화합물, 할로겐화합물, 먼지, 매연 등을 포함한다. 대기권은 지표면으로부터 위로 대류권, 성층권, 중간권, 열권으로 이루어져 있다. 그 외곽은 외기권이다. 이러한 기권은 지구의 표면 온도를 일정하게 유지하고, 우주에서 오는 해로운 자외선과 X선을 막아 지상에 생명체가 살 수 있는 적합한 환경을 만들어 주는 필터가 된다.

생물권: 동물, 식물, 미생물이 서식하는 지구의 표층 부분을 생물권(biosphere)이라 한다. 생물권에서는 생물체를 구성하는 원소가 순환하고, 물질대사와 에너지 흐름이 끊임없이 이루어지면서 균형을 유지한다. 생물권 범위는 깊이 수천 미터의 해저에서부터 높이 수천 미터의 고산지대에 이르기까지 광범위한 영역을 포함하는 그 두께가 약 20킬로미터이다. 지구 반경이 약 6천4백킬로미터인 것에 견주어 보면 생물권의 두께는 사과껍질에 해당하는 매우 얇은 층에 지나지 않는다. 생물권은 토양권 및 암석권을 포함하는 지생물권, 대양 호수 하천 등을 포함하는 수생물권, 도시와 농촌을 포함하는 인공생물권으로 구별되고, 대기권이 이를 에워싸고 있다. 이러한 생물권의 생명현상은 근원적으로 태양으로부터 공급받는 에너지에 의해 지탱된다.

창발성: 관계로부터 생겨나는 새로운 성질 또는 특성이 창발성(創發性, emergent property)이다. 예를 들면, 물은 산소와 수소라는 두 원소의 관계 속에서 만들어진다. 그런데 물은 산소 또는 수소 어느 것의 원소가 갖는 성질과 전혀 다른 새로운 성질의 물질이다. 즉 두 가지 서로 다른 성질의 것이 합체에서 생겨난 새로운 성질이 창발성이다. 여기서 물질적인 창발성과 심미적인 창발성에 차이는 있다. 물질적인 창발성은 물에서 보듯 계속 똑같은 물이 복제되듯 생겨날 수 있지만, 심미적인 창발성은 복제되지 않는다. 우주만물 가운데 감수성이 유별난 인간의 특질이다. 생명체를 물질적 생명체로서 복제는 될지언정 그 심미적 관계는 절대 복제되지 않는다. 그 관계는 늘 새로이 만들어지고 절대 고유적이다.

항상성: 외부 조건의 변화에 대하여 내부 환경을 안정적이고 상대적으로 일정하게 유지하려는 성질을 항상성(恒常性, Homeostasis)이라 한다. 생물체뿐만 아니라 넓게는 지구 생태계나 우주까지도 항상성이 있다. 수준(level)을 달리할지라도 모든 수준에서 그에 상응하는 항상성이 존재한다. 항상성이 존재하지 않는다면, 존재할 수 있는 것은 없다. 사람은 세포 수준에서 체온이 상승하거나 낮아져서 항상성을 잃게 되면 죽음을 맞이한다. 지구환경은 생태계 수준에서 교란되면 그 항상성을 잃게 되어 파국을 맞이한다.

3. 생물다양성

• 생물다양성은 지구 생태계의 보전과 인류 식량자원의 원천이다.
• 생물다양성의 유실은 다음 세대의 삶의 질을 저하시키는 결정적 요인이다.
• 서식처 파괴는 생물다양성을 결정적으로 위협하고 그 근간을 잃게 한다.

우리는 살기 위하여 매일 밥을 먹는다. 섭취한 음식은 소화기관에서 효율이 높은 고단위 에너지 물질, 생물 세포의 화폐라는 ATP로 바뀌어 생명 활동의 원천에너지로 쓰인다. 이 ATP 가운데 30% 이상을 두뇌 신경세포가 소모하고, 나머지는 육체적 생리적 운동에너지로 쓴다. 먹지 않으면 힘을 쓸 수 없고, 정신도 혼미해진다. 동물과 식물의 차이도 에너지 이용 분배에서 뚜렷이 다르다. 진화된 고등생물일수록 신경세포의 에너지 사용량은 크게 증가한다. 그래서 두뇌 활동이 정지되어 신경세포의 에너지 소모가 극히 적은 상태의 사람을 식물인간이라 부른다. 우리는 수면(잠)이라는 형태로 매일같이 식물인간 상태를 경험한다. 그러므로 물질도 아니며 만질 수도 없는 '정신'이라는 추상명사의 에너지 원천은 바로 만질 수 있고 물질적인 유기체적 음식물이다. 그런데 이 음식물은 모두 땅에서 유래하는 식물자원이다. 그러므로 땅의 환경조건에 따라 그 속에서 생산되는 식물자원의 특성이 달라진다. 기름진 땅, 척박한 땅, 그 땅의 건강 상태는 거기에서 나온 식물자원 즉 음식물의 건강성에 맞닿아 있다.

오늘날 우리 인류가 이용하는 식량의 95%는 30여 가지의 식물종과 수 종의 동물종으로부터 획득된다. 특히 쌀, 보리, 밀, 감자를 포함한 24여 종류의 주요 식량자원은 8만여 종류의 식용 가능한 식물 가운데 극히 일부분이지만, 인류 주식의 90%를 차지한다(그림 15).

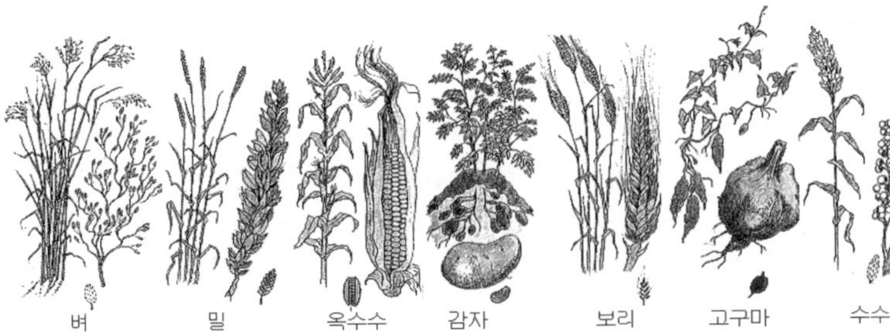

[그림 15] 세계 7대 식량자원. 동양의 최대 주식은 벼이고, 밀은 서양의 최대 주식이다. 이러한 인류의 식량자원은 끊임없는 우량 유전자 자원을 확보하려는 인류 노력의 결과이다. 최첨단 농업 기술은 선사시대로부터 전래된 전통적인(indigenous) 종자 고르기에 잇닿아 있다.

UNEP(유엔환경계획, United Nations Environmental Programme)에 따르면, 지구상에는 1~3천만 종의 동식물이 살고 있을 것으로 추정(1억 종 이상의 주장도 있음)한다. 그 가운데 과학자들에 의해 이름이 붙여진 생물종은 겨우 2백만 종에 지나지 않는다. 이 수치는 지구상 생물 가운데 80% 이상이 아직까지 인류에 의해 규명되지 않은 상태라는 의미이다. 미확인 80%는 여전히 지구생태계를 지탱해 가는 데에 큰 몫을 감당하고, 밝혀진 20% 가운데에서 겨우 30여 종류만이 주된 식량자원으로 이용되고 있을 뿐이다. 지구 생태계의 보전과 인류 식량자원을 위하여 **생물다양성**(biodiversity 또는 biological diversity)이 갖는 잠재성이 어마어마하고 중대하다는 사실을 일러준다.

생물다양성은 생태계, 종(species), 유전자(gene)의 수(數)와 빈도(頻度)를 포함하는 자연의 다변성으로 정의한다. 그러니까 생물다양성의 의미는 생태계와 종과 유전자가 얼마나 다양하고 얼마나 풍부한가를 말한다. 따라서 우리가 품사의 명사(名詞)로서 자연(nature)이라고 부르는 것에는 생명체뿐만 아니라 생명체간의 상호작용을 포함하면 생물다양성이란 뜻도 들어 있다(그림 16, 17).

[그림 16] 노아의 방주와 생물다양성 보존. 생물다양성에 대한 기독교 정신세계는 노아의 방주를 통해 잘 드러난다.

[그림 17] 생물다양성과 불교(WRI, *et al.* 1995). 삼라만상(森羅萬象)의 존재는 모두 관계하면서 그 관계는 공평하다는 불교의 정신세계와 통한다.

그러므로 생물다양성을 소실한다는 것은 생태계, 종, 유전자를 잃게 됨을 말한다. 그것은 곧 생태계, 종, 유전자의 다변성을 잃어버리는 뜻이다. 급기야 한 가지로 독점되어 버린 매우 취약한 구조가 되어 버린다는 뜻이다. 그렇게 획일화 된 구조는 어떤 작은 환경 변화에도 소위 '몸살'을 앓게 되는 자연 교란이 발생한다. 일례로 소나무재선충 병으로 숲 생태계가 크게 망가진 사태는 소나무만을 너무 많이 기른 탓에서 빚어진 일이다. 그러므로 다양성이 보장된 사회가 획일적인 사회보다 더욱 건전하고 환경변화에도 의연하게 대처 가능하다는 것과 맥을 같이 한다.

오늘날의 생물다양성은 다양한 요인들로 전 세계적으로 크게 위협받고 있다. 오염, 물리적 파괴, 식량 및 여러 가지 분에 넘치는 개발, 고의적인 절멸(絶滅), 과도한 도로건설로 인한 생물 서식처의 유실과 파편화 등등은 그러한 사례들이다. 임시적이고 일시적으로는 편리하고 좋아 보일지라도, 생물다양성에 배려 없는 어떤 과도한 이용이나 개발은 모두 차세대의 삶의 질을 떨어트리는 심각한 원인이 된다(그림 18).

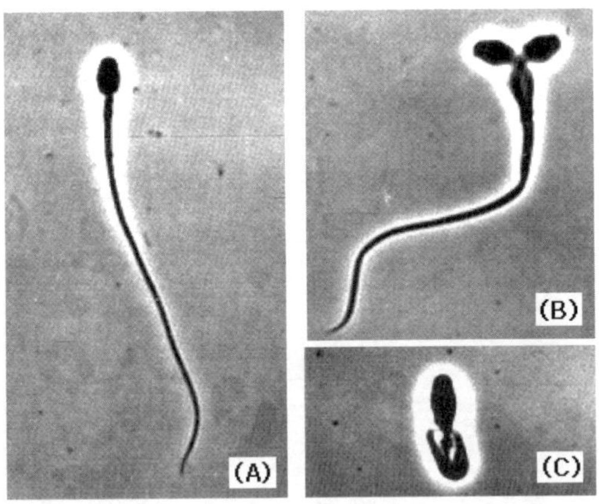

[그림 18] 탄자니아에 서식하는 수컷 사자의 정자(精子) 모양(Primack, 1996). (A)정상적인 정자, (B)머리가 둘 달린 정자, (C)꼬리가 말려버린 정자. 근친교배압(近親交配壓)에 처한 수컷 사자 무리에서는 정상 기능을 할 수 없는 기형 정자의 비율이 높다. 근친교배는 사는 공간이 좁아지는 서식처 파편화에서 비롯하고, 결국 사자 집단의 소멸로 이어진다.

보존이냐 개발이냐의 갈등 속에서 하루 평균 1백 36종의 생물들이 사라지고 있다. 우리나라에서도 매년 2백 50~3백 여종의 야생동식물이 멸종 위협을 받는 것으로 추산한다. UNEP는 최근 펴낸 "지구다양성평가"에서 화석 기록을 가진 생물종들의 평균 생존기간이 5백만~1천만년으로 추정하고 지구상의 생물종 멸종 속도가 한 해 평균 1~3종이라고 했다. 포유동물은 그 계통의 존속 기간이 약 1백만 년이고, 1종이 멸종되는 데는 약 2백 년이 걸린다는 추정도 내놓았다. 최근의 멸종 속도는 이러한 자연적인 멸종 속도보다 훨씬 빠른 50~100배 빨라졌다고 한다. 6천 5백만 년 전 공룡 1종이 사라지는데 1천 년이 걸렸지만, 지난 서기 1,600년부터 2,000년까지 4백년 동안 사라진 동물은 4백 84종, 식물은 6백 54종이나 된다. 현재 세계자연보존기구 WCMC(World Conservation and Monitoring Center)는 수년 내에 멸종할 것으로 본 동식물을 최소한 3만 1천 4백 72종이라고 했다. 멸종속도가 이처럼 빨라지는 이유는 무분별한 개발로 서식처가 변형되고 서식 환경이 나빠진 탓이다. 국제자연보전연맹 IUCN은 야생 동물의 멸종 요인으로 서식처 파괴, 남획, 외래종의 영향, 먹이부족, 농작물 가축의 피해방지를 위한 포획 등을 가장 큰 위협적인 요인으로 지적하였다(그림 19).

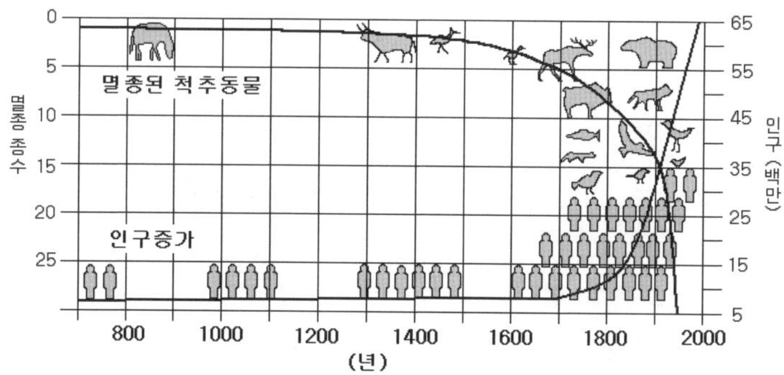

[그림 19] 독일의 인구 증가와 생물종 감소(Heinrich *et* Hergt, 1996). 인구 증가와 생물다양성 감소 곡선은 정확히 대척을 이룬다. 산업혁명 이후 급격한 인구 증가와 그에 따른 생물 서식 환경의 급격한 쇠퇴로 말미암아 고등동물종(척추동물)의 멸종이 급격히 진행되었음을 보여준다.

생물다양성은 사실상 인류 생존의 토대이다. 최근 생물다양성 보전을 위하는 국제적, 국내적 노력이 두드러지게 나타나고 있다. 지난 1992년 리우환경회의에서 생물다양성이라는 개념이 국제무대에 처음 소개되면서 생물다양성협약(CBD, Convention on Biological Diversity)이 만들어 졌다. 협약의 기본 정신은 생물다양성에 대한 **터주권**(farmer's rights)과 **윤리적 고려**(ethical consideration)에 있다(그림 20).

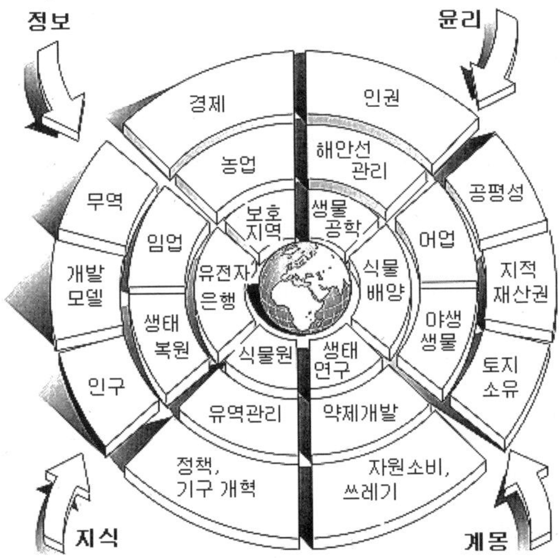

[그림 20] 생물다양성 보전의 목적(WRI *et al.* 1992). 21세기, 환경·생태의 시대는 생물다양성에 대한 정보, 지식에 대한 능력 배양(capacity building)은 우리나라와 같이 무역에 의존하는 국가의 경쟁력을 확보하기 위한 필수 요건이다.

우리나라를 포함한 협약당사국은 생물자원 보호를 실천하기 위해 주로 경제적인 유인정책을 도입하고 있다. 스위스는 1993년에 이미 "생태보상 계획"을 마련, 자연 상태 그대로 농지를 보존하는 농부들에게 보상금을 주었다. 덕분에 전체 경작지의 4%인 4만 7천 헥타르가 그대로 보존되고 있다. 스위스는 이 계획을 지속적으로 추진하여 전체 경작지의

12%를 생태지역(사람과 야생생물과 자연환경이 함께 지속가능하도록 관리하는 지역)으로 만든다는 목표를 세웠다. 미국과 캐나다는 그보다 앞서 1986년에 북미지역에 사는 물새 서식처 보호를 위해 "북미물새관리계획"을 마련했다. 북미 지역에 사는 물새 수를 2001년까지 70년대 수준으로 늘린다는 목표 하에 물새가 많이 서식하는 지역을 사들이고 있다. 2001년까지 총 투자액은 10억 달러이며 이중 75%는 미국이 25%는 캐나다가 부담하였다. 우리나라는 자연환경보전법을 개정(1998년)하고, 멸종 위기에 처한 동식물종을 법으로 지정해 보호한다. 최근 2000년대에 들어서는 본격적으로 생태지역의 확대를 위해 노력하고 있다. 우리나라 최대 내륙 습지인 우포늪에서 따오기복원사업과 함께 그 주변지역을 사들이고 있지만, 여전히 절대적으로 미진한 상태에 머물러 있다.

생물다양성협약이 요구하는 국가적 이행 의무사항은 **현지내**(現地內) 및 **현지외**(現地外) 보전, 서식처 보전, 생물다양성 보전을 위한 **핵심종**(核心種)의 보호 및 서식지 파편화의 방지 등의 내용을 포함하고 있다. 우리나라에서 생물다양성 파괴에 가장 심각한 원인은 **서식처의 구조적 파편화**이다. 서식처의 유실은 생물다양성의 현지내 보전을 불가능하게 한다. 흐르는 서식처를 고이는 서식처로 만든다면, 흐르는 서식처에 사는 생물들은 모두 쫓겨날 수밖에 없다.

생물다양성 보전과 회복을 위하여 일련의 실행 전략이 있다. 제일 먼저 유전자 및 종의 존재 유무(有無)에 대해 일차적으로 목록작성을 추진한다. 그런 후에 그들의 분포양상에 대한 서식처 정보를 수집하고, 그 서식처에 대한 여러 가지 환경조건을 기록한다. 장기적으로는 시간적 변이에 따른 추적 연구(모니터링)를 실시하는 것이다. 환경부에서는 이미 1990년대 이후로 주기적인 전국자연환경기초조사를 실시하고 있다. 특정야생 동식물을 지정하여 이들에 대한 포획, 채취 등을 금지하는 야생동식물보호 대책도 세웠다. 대국민서비스로 국가 생물다양성 정보를 인터넷에 공개하는 시스템도 구축하였다.

〈국가생물종지식정보시스템〉

<u>국가 생물다양성 관련 주요 포털 사이트</u>

한반도의 생물다양성 (국립생물자원관)	https://www.nibr.go.kr/cmn/main/main.do
국가생물종지식정보시스템 (산림청)	http://www.nature.go.kr/main/Main.do
멸종위기 야생생물 (국립생태원)	https://www.nie.re.kr/
국립공원 자원 (국립공원공단)	https://www.knps.or.kr/portal/main.do

Think globally Act locally

실천 가능한 생물다양성 보전 행위

- 주변에서 사람의 손길이 덜 닿은 서식처를 보존하는 데에 관심을 가진다.
- 여러 가지 야생의 식물, 곤충, 새를 불러들이기 위해 전통적인 생태정원을 만들고, 그 속에 연못과 야생 화단을 생각해 본다.
- 외래종 보다는 향토종을 선택하여 기른다.
- 상아, 모피, 산호, 박제 등 생물상품을 구입하지 않는다.
- 생물다양성 관련 환경보전 단체(NGO)에 자발적으로 가입하여 활동한다.
- 각종 공원에 자원봉사자 및 해설자로 활동한다.
- 생물다양성 보전에 사려 깊은 정치인에게 투표한다.
- 승용차를 이용한 여행을 자제한다.
- 전원 경관 가꾸기에 참가한다.

잔디 밭에 사는 애기자운(털새동부), 수많은 벌나비를 불러들인다.

도움글

생물다양성(biodiversity, biological diversity) : 현재 알려져 있는 지구상의 생물은 지구생태계에 서식할 수 있는 수용범위를 고려하여 산출한 총 생물 수의 약 15%에 지나지 않는다. 우리나라도 그와 유사한 수준일 것이다. 나머지 약 85%는 미확인 미기록 생물종으로 남아 있고, 생태계는 실제로 그들 덕택에 유지되고 있는 셈이다. 생물다양성 보전을 위한 서식처의 보전이 중요한 까닭이다. 2005년 이후로 국제자연보전연맹 IUCN에서도 서식처 보전의 중요성을 인식하고 서식처를 포함한 생태계에 대한 보존 전략의 수립을 전세계에 권고하고 있다. 더욱 온전한 서식처의 보존은 생물다양성 보존의 가장 강력한 수단이기 때문이다(그림 21).

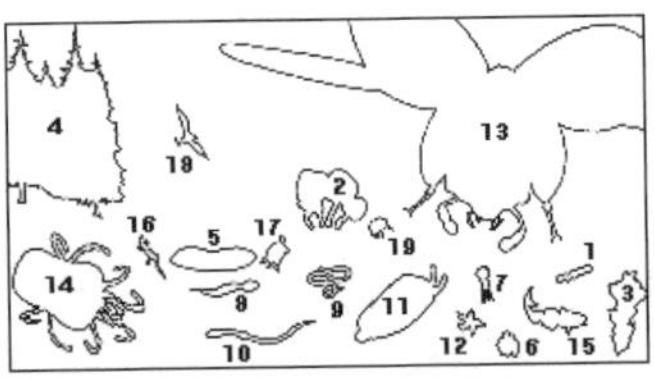

*그림 속의 생물체 크기는 지구상에 현재 기재되어 있는 생물종을 비유적으로 나타낸 것임

	분류군	기재된 종수
1	원핵생물 (박테리아, 남조류)	4,760
2	균류	46,983
3	조류 (algae)	26,900
4	식물계 (다세포식물)	248,428
5	원생동물	30,800
6	해면동물 (해면)	5,000
7	강장동물 (해파리, 산호)	9,000
8	편형동물 (플라나리아)	12,200
9	선충류 (회충)	12,000
10	환형동물 (지렁이)	12,000
11	연체동물 (조개)	50,000
12	극피동물 (불가사리, 성게)	6,100
13	곤충류	751,000
14	절지동물 (진드기, 거미)	123,161
15	어류	19,056
16	양서류	4,184
17	파충류	6,300
18	조류 (새)	9,040
19	포유류	4,000

[그림 21] 지구의 생물다양성(WRI *et al.* 1992). 현재 인류에게 알려져 이름을 가진 생물종은 약 1백만 종으로 그 가운데 곤충이 가장 많다. 아직까지 곰팡이(균류)를 비롯한 박테리아와 같은 하등 생물종은 대부분 미지의 세계로 남아 있다.

터주권(farmer's rights) : 1964년 에티오피아의 향토 생물학자 렘마는 '자리공' 열매로 빨래를 하는 촌마을 개울가에서 달팽이가 몽땅 죽어 떠오르는 것을 목격한다. 세계보건기구에 따르면, '시스토소미아시스'라는 병으로 말미암아 일 년에 2억 인이 감염되어 약 2십만 명이 죽는다. 그런데 그는 마을에서 이 병에 걸려 죽는 사람이 없음을 발견한다. 자리공 열매로부터 이 병을 옮기는 중간 숙주인 달팽이만을 구제(驅除)하고, 사람을 포함한 다른 물 속 생물체에는 전혀 해가 되지 않는 무공해 루미사이드의 생화학 작용의 결과였다. 아프리카 원주민뿐만 아니라 인디언이나 우리나라 사람도 자리공을 자연산 세제 식물로 이용한 적이 있다. 선진산업국에서는 생물자원에 대한 이러한 독특한 생물 이용 정보로부터 값비싼 화장품과 약을 개발하여 부를 창출하고 있다. 생물다양성협약에서는 이와 같이 생물다양성에 대한 전통 지식과 정보를 지적재산권의 하나로 인정하고, 그 지역의 토착민(indigenous people)에 귀속되는 터주권으로 규정한다. 그런 터주권을 인정하는 실천 방식은 얻어진 이익에 대하여 원주민과 나눠가질 것을 원칙으로 한다.

생물다양성의 윤리적 고려 : 지구 생태계에 존재하는 생물다양성, 즉 생물 자원에 대한 윤리적 고려(ethical consideration)는 어떤 특정의 경제적 가치를 부여하지 않더라도 인류의 유일한 삶의 터전으로서 지구 생태계의 온전성(integrity)을 유지하기 위한 생물종에 대한 본질적인 가치에서 시작한다(그림 22).

- 모든 생물종은 존재할 권리가 있다.
- 모든 생물종은 상호의존적이다.
- 인간은 다른 생물종과 마찬가지로 같은 생태적 제한조건 속에서 살아가야만 한다.
- 사람들은 지구의 청지기로 활약해야 할 책임을 진다.
- 인간의 생활양식과 다양성은 생물종의 다양성과 마찬가지로 주목받는다.
- 자연은 경제적 가치를 초월하는 정신적, 심미적 가치를 갖는다.
- 생물다양성은 생명의 기원을 규명하기 위한 필수 요소이다.

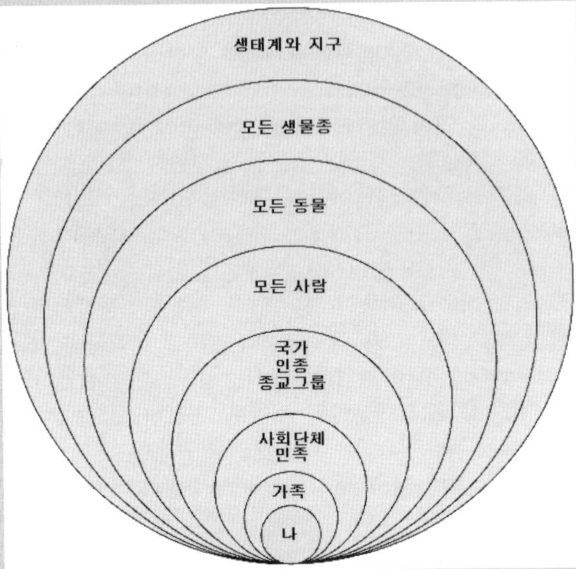

[그림 22] 생물다양성과 나 자신과 생물적 개체로서의 윤리적 배려(Noss, 1992). 하나의 생물적 개체로서 나는 나의 삶(life)과 개성(uniqueness)에 대하여 모든 지구 생물다양성의 생명성과 독특성처럼 인정받는다. 우리 모두 자신은 지구 생물다양성의 근간이고 출발점이다.

서식처 구조의 파편화 : 생물 서식처의 파편화에는 구조적 파편화(structural fragmentation)와 지리적 파편화(geographical fragmentation)가 있다. 어떤 지역에서 생물다양성의 완전한 회복은 **핵심종**의 건전한 생육이 가능할 때 성취된다. 비록 서식처가 분절되어 파편으로 쪼개질지라도 그 규모가 핵심종의 서식이 가능한 면적이라면 생물다양성의 보전도 가능하다(Fiedler, 1993).

핵심종 : 특정 서식처 내에서 많은 다른 생물종들이 의존하고 있는 생물종을 말한다. 생태계 기능(먹이사슬, 천이 등)을 유지하는 데에 결정적인 생물종이 핵심종(核心種, keystone species)이다. 먹이사슬 및 영양단계에서 최고차 포식자(捕食者)를 포함한 특정 생태계의 기능적 토대가 되는 생물종을 일컫는 총칭이다. 한편 UNEP에서는 지역의 생태계 및 자연환경 보전에 기여하면서, 지역공동체의 경제적 이득을 추구할 수 있는 상징적인 종을 깃대종(flagship species)이라 하고, 그런 깃대종의 선정을 권고한다.

현지내 보전과 현지외 보전:

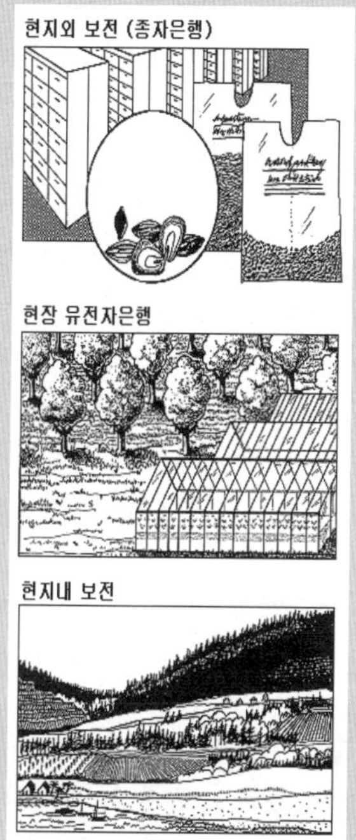

[그림 23] 현지내 및 현지외 보전 – 생물다양성 보전을 위한 통합 접근(WRI *et al.* 1992). 생물종을 보전하는 행위는 크게 두 가지로 나뉜다. 본래 서식하고 있는 야생 서식처 내에서의 현지내(*in-situ*) 보전과 동물원, 식물원, 종자은행과 같이 본래 서식처로부터 옮겨와서 하는 현지외(*ex-situ*)에서 보전이 있다. 진정한 생물다양성 보전은 현지내 보전이다. 그것은 완전한 자연환경 조건 속에서 자연적인 진화가 보장되는 서식환경을 갖추고 있기 때문이다.

이 생각 저 생각

생물다양성 그리고 여성

"환갑을 맞이한 60세 노익장 여성, 이름은 스미스 루씨, 직업은 전직 노르웨이 오슬로대학의 최초 여성 총장, 전공은 어린이 권리에 관한 법, 법을 전공하는 세 딸을 둔 어머니, 서울에서 강릉까지의 왕복 거리 보다 먼 540km 자전거 경주를 두 차례나 참가 완주, 매일 자전거 출퇴근, 지금 그녀의 최대 관심사는 대학 총장으로서 학생과 교수를 위해 보다 훌륭한 면학 및 연구 분위기를 조성하는데 있음." 이것은 한 여성이 가지는 인생살이의 다이내믹성과 생활양식의 다양성을 보여준다. 그녀와 또 다른 개성과 양식의 여성, UNEP 사무국장 '다우즈웰'(1996)이란 미국 여성이다. 환경 문제에 대한 여성의 역할 또한 매우 크다. 우리나라에는 여성군자 장계향(1598~1680)이란 역사적 인물이 있다. 경북 영양의 산골마을 호롱불 아래에서 그것도 70대 노인의 몸으로 우리나라 최초 "한글"조리서 『음식디미방』(1670년경)을 저술하였다. 백성을 위한 애민(愛民)을 몸소 "실천"해 보여준 위대한 어머니이다. 온갖 모습의 인간과 습관, 각양각색의 생물과 생존전략, 가지가지의 녹색자연과 지역경관, 이 모든 것은 만물의 다양성을 의미한다. 대체로 자연이 잘 관리되고 윤택한 생활을 하는 국가나 사회일수록 사람들의 이성적 생각과 실천이 다양하다. 최근에 들어서 우리나라 각 분야에서도 다양성이 과거 반만년 역사 속에서 가장 급진적으로 변해왔다. 다양성은 곧 사회 구성원의 개성 창출이 보장되는 다이내믹성을 의미한다. 생물종의 다양성, 서식처의 다양성, 유전자의 다양성은 지구환경의 변화에 대응하여 지속가능한 번영을 보장받을 수 있는 최고의 방법이다. 결국 다양성은 민주사회와 자연생태계의 최고 덕목이다. 이러한 다양성을 지탱하는 데에 사회적, 지구 환경적 여성의 역할은 매우 크다(그림 24). 가정생활을 지탱해주는 자원은 사실상 지구 생물다양성 자원으로부터 유래한다. 그런 가정생활에 여성은 큰 비중으로 참여한다. 이처럼 생물다양성에 대한 여성의 적극적인 개입과 영향력은 실질적인 지구 생물다양성 보전에 크게 기여한다. 그 최고의 본보기는 생명 평화와 다양성을 섬세하면서도 넉넉히 담아낸 2024년 노벨문학상의 영광을 안은 한강 작가의 〈채식주의자〉에서도 찾아 볼 수 있다.

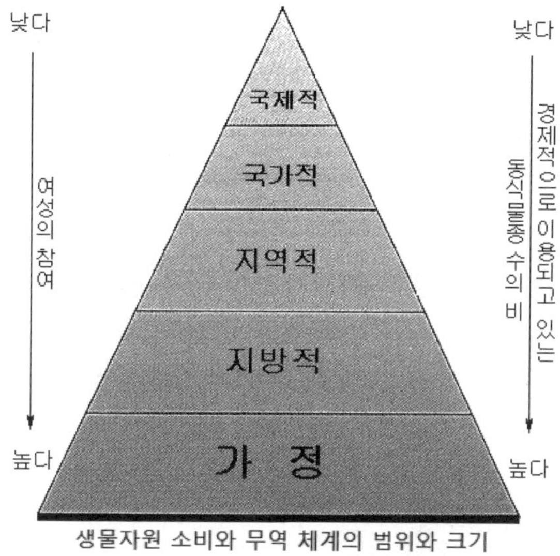

[그림 24] 여성과 생물다양성과의 관계(WRI *et al.* 1992). 생물자원은 국제적 수준보다 가정생활에서 더욱 적극적이고 집약적으로 이용된다. 여성의 가정생활에 대한 참여도 또한 국제적 수준에서보다 가정에서 더욱 지배적이다. 생물다양성에 대한 여성의 적극적인 개입과 영향을 기대하는 까닭이다.

4. 생리적 최적 환경과 생태적 최적 환경

- 잡초를 포함한 모든 생명체는 경쟁과 공존의 조화에서 살아간다.
- 그런 경쟁과 공존은 절대 공평(fairness)을 바탕으로 하는 생태적 최적 환경 조건에 대한 어우러짐이다.
- 자연생태계 속에서 생리적 최적 환경 조건은 보장되지 않는다.

밟고 다니는 길에서 흔히 보는 질경이(*Plantago asiatica*)란 잡초는 실제로 밟히는 곳을 싫어하고, 모든 생명들이 그렇듯 환경조건이 양호한 장소에 더 잘 산다(Ellenberg, 1954). 이처럼 모든 생명들이 공통적으로 좋아하는 그런 서식 조건을 생리적 최적 환경(physiological maximum environment)이라 한다. 빛, 흙, 공기 등의 모든 환경조건이 양호하면 할수록 삶의 최적 기회가 되는 곳이다. 최대의 생산성과 성장과 발달을 보여주는 '생리적 최적 환경'을 추구하는 것은 모든 생명체의 공통적 본성이다. 그러나 생리적 최적 환경 조건을 갖춘 서식처(삶의 터전)에서는 생물체간의 지독한 경쟁이란 사회적 요소가 작용한다. 경쟁력을 갖춘 어떤 생물체만이 그곳에서 생존할 수 있고, 그렇지 못한 생물체는 상당한 수준의 인내와 극복의 생존전략을 가지고 있을 때만이 살아남을 수 있다. 이처럼 서식처 환경 조건에 따라 그곳에 함께 사는 생물체는 자신의 '생리적 최적 환경'과는 차이가 나더라도 여러 다른 생물체와 어우러져 살아가야만 한다.

자연 생태계 속에서는 다른 생물과 그리고 같은 종이라 할지라도 이웃하는 개체들과 경쟁하며 공존해야만 하는 현장적 여건이 있다. 이것을 생태적 최적 환경(ecological maximum environment)이라 한다. 모든 생명체는 실제로 '생리적 최적 환경' 보다는 '생태적 최적 환경' 속에서 산다(그림 25). 열악한 환경조건에서는 생물체 간의 경쟁보다는 적응과 인내가 더욱 중요한 생존 전략이다. 그러므로 인간을 포함한 살아 숨 쉬는 생명체들의 사회에는 경쟁과 공존의 조화 즉 생태적 최적 환경만이 존재한다. 이기적 생리적 최적 환경은 결코 존재하지 않는다.

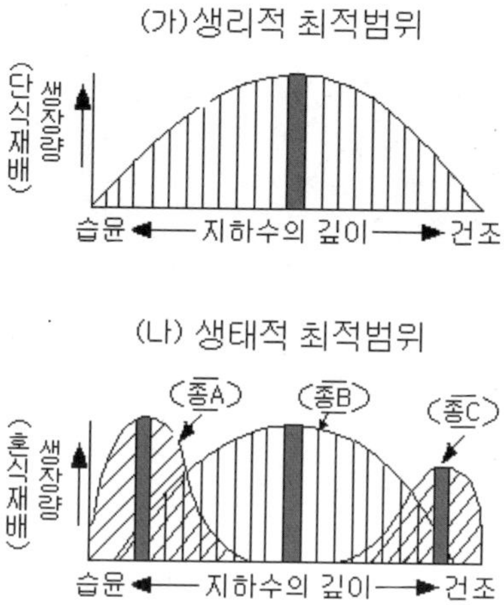

[그림 25] 생물 분포의 생태적 최적 범위와 생리적 최적 범위(Ellenberg, 1954). 단식재배 실험(가)에서처럼 모든 생물종은 생리적 최적 환경 즉 중간 환경조건에서 최대의 생장을 보여준다. 그러나 혼식(混植)재배의 실험(나)처럼 여러 가지 생물종들이 서로 섞여 살아야 하는 자연 생태계 속에서는 경쟁과 공존을 통한 생태적 최적 범위에서 살아간다.

인간은 지구 생태계에서 사회 공동체적인 가족 동물이다. 생태적 최적 환경은 그 구성원의 공존을 바탕으로 하는 건전한 경쟁이 필수적이고, 건전한 경쟁을 위하여 구성원 간의 공간적 시간적 적절한 배분은 공동체 전체의 지속적인 발전을 위해 필수 불가결한 과정이다. 식물 사회에서 **죽음의 중심**(그림 26)이 나타나는 것은 바로 그런 경쟁을 완화하고, 집단의 공동체적 번영을 추구하면서, 마침내 종족의 생존을 지속 가능하게 하는 생태적 과정이다.

질경이는 생태적 최적 환경으로 밟히는 길에 산다. 하지만 질경이의 생리적 최적 환경은 모든 생명체가 살고자 하는 그런 곳이다.

도움글

잡초란 무엇인가: 인간이 필요로 하는 목적 이외의 풀을 모두 잡초(雜草, weed)라 한다. '벼' 논에서의 '피'와 '콩' 밭의 '명아주' 그리고 '잔디' 밭의 '토끼풀'이 잡초가 된다. 전적으로 인간에 의해 의도적으로 정의된 식물 그룹이다. 이들은, 인간이 정해 놓은 농경지에서의 질서를 깨트리는 존재들이다. 잡초는 본래 지구상에 저절로 발달해 온 자연식생(natural vegetation)의 주요 구성원들이고, 자연에는 처음부터 잡초라는 존재는 없다. 뿌리를 내려 이동이 불가능한 식물은 농경의 발달과 더불어 진화하였다. 쓸모없는 제거의 대상으로 농경이라는 변화된 환경 조건에 자신의 몸을 맞춰두지 않으면 도태된다. 장구한 세월에 걸쳐 지속적으로 진행된 농경 스트레스(stress)와 교란(disturbance)은 환경 적응의 유전자적 진화를 강요받아 잡초의 지위로 분류된 것이다. 이제 대부분의 잡초는 인간 생활과 밀접한 관계 속에서 살아가는 집단이다. 길, 논, 밭, 논두렁, 밭두렁, 목초지, 과수원, 시가지의 빈터, 인도 블록 틈, 건물 옥상, 지붕 등등, 인간의 손길이 닿는 모든 공간이 그들의 서식처이다. 오히려 사람들이 파괴한 장소는 되레 잡초들의 기회이고, 그 땅을 회복하는 선구자적 역할을 감당한다. 그런 잡초가 사는 땅은 언제 또다시 인간에 의해 또 파괴되거나 변형될지도 모른다. 대부분의 잡초들은 그런 불안한 환경에 적응하기 위해서 독특한 생활 전략으로 진화해 왔다. 마치 불안정한 사회 여건 속에서 떠돌이 집시와 같은 자유분방한 속성을 몸에 익혀야 하고, 바뀐 새로운 환경에 신속히 대응한 삶의 방식이다. 잡초는 생태적으로 가장 강인한 번식전략(reproductive strategy)을 지니고 있다. 열악한 환경 조건에 사는 잡초일수록 수명은 짧지만, 살아가는 동안 한 번에 아주 많은 종자(자식)를 생산한다. 그것도 짧은 생애동안 여러 번 종자를 생산한다. 민들레의 경우처럼 보다 넓은 지역에 종자를 퍼트리기 위하여 종자에 아주 독특한 장치를 달고 있기도 하다. 살아가는 환경조건에 따라 적응한 형태(생태형, ecotype)로 그 모양을 바꾸기도 한다. 그런데 우리나라 사람의 오래된 전통 속에는 잡초란 없었다. 잡초(雜草)란 한자가 존재하기 전부터 불렀던 '풀'과 '새'라는 고유어에서 우리나라 사람의 자연에 대한 정신성을 엿볼 수 있다. 잎 넓은 초본은 풀이라 했고, 잎이 좁거나 그다지 쓸모없는 초본은 새라 하였다.

죽음의 중심지: 동일한 식물종에 의해 과밀한 집단의 중심 부분이 비는 공동(空洞) 현상이 나타난다. "죽음의 중심"(dead center, dead point)이다. 땅속에 뿌리의 공간 나누기에서 수분과 영양원소 쟁탈로부터 죽음과 죽임의 현상에서 생겨난다. 식물에게 수분과 영양원소의 분배는 죽느냐 사느냐의 생존 문제이다. 그러므로 공생 공존을 위하여 적당한 공간 간격은 필수적이다. 개체들 간의 영역권(세력권, territoriality)으로부터 발생하는 죽음의 중심은 결국 집단의 크기와 밀도를 조절한다. 이웃을 적당히 물리치면서 집단의 존속, 계통의 번영을 보장받는 호구지책 (糊口之策)의 결과이다. 식물사회의 죽음의 중심으로부터 인구 과밀의 도시를 어떻게 디자인할 것인가를 배운다. 인간 중심 괴밀지대에는 도시 슬럼화가 발생하는데, 이를 방지하거나 완충하기 위해 도시 내에 크고 작은 많은 녹색 지대를 디자인할 필요가 있다.

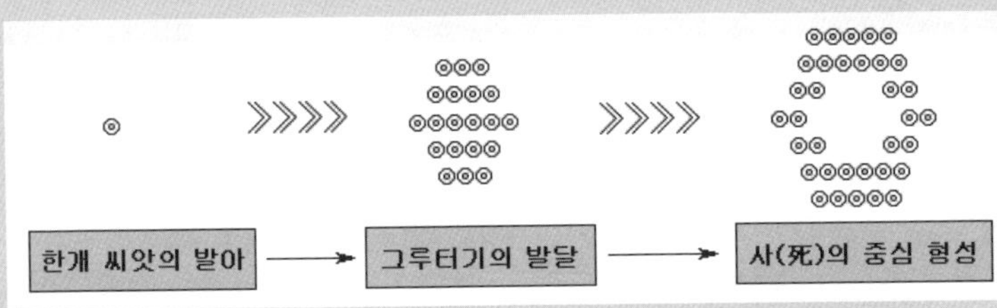

[그림 26] 죽음의 중심이 만들어지는 과정. 한 종의 개체수가 증가하여 밀집된 큰 집단(그루터기)이 생기면, 한가운데는 오랫동안 점유되었던 탓에 땅속 자원이 고갈됨으로써 처음 정착한 무리들은 죽고 만다.

과밀에 의해 생겨난 사초류의 "죽음의 중심"

이 생각 저 생각

남산 위의 저 소나무

어떤 지역일지언정 거기에는 "본래 그대로의 자연"이란 게 있다. 현재 그 지역에서 자연적으로 들어설 기후적 토지적 주인이 될 만한 식생을 말한다. 우리나라에서 참된 자연 곧 자연식생은 하록활엽수림(summergreen broad-leaved forests)이다. 난류의 영향을 받는 남부지방과 겨울 기온이 온화한 동해와 서해 지방에서는 늘푸른 상록활엽수림(evergreen broad-leaved forests)을 본다. 신갈나무, 졸참나무, 굴참나무, 떡갈나무, 갈참나무, 물참나무, 상수리나무의 하록 도토리나무 종류와 참가시나무, 붉가시나무, 가시나무, 졸가시나무 등과 같은 상록 도토리나무 종류는 한반도 자연을 대표하는 참나무 종류이다(제 7 장 참조). "우리는 참나무다"라고 해도 지나치지 않다. 소나무는 원시 참나무 자연림에서 살지 않는다. 우리가 흔히 보는 소나무숲은 대부분 가꾸어 온 삼림자원이다. 인위적으로 가꾼 솔숲 이외에 자연적인 소나무숲도 있다. 건조하고 척박한 암벽의 산등성이나 산간 계곡 물길 가까이 모래자갈 땅(생태적 최적 입지환경)에 저절로 사는 솔숲이다. 소나무 그 자체는 모든 식물종이 살고 싶어 하는 한반도 온대 기후의 기름진 산비탈(생리적 최적 입지환경)에서 활엽수종들에게 밀리는 경쟁력이 약한 식물이다. 소나무는 약한 경쟁력이지만 열악한 환경 조건에서 잘 견디면서 살아가는 적응력이 탁월한 선구자 식물이다. 그러니까 남산 위에 철갑을 두른 듯한 소나무는 우리가 좋아해서 일부러 가꾼 솔숲이다. 우리나라의 마을 숲정이를 대표하는 아름다운 전통이기도 하다. 그 솔숲이 해방 이후 북미에서 도입된 리기다소나무로 많이 대체되었다. 전통 우리나라 소나무는 그렇게 밀려나고 말았고, 얼마 남지 않은 솔숲마저 외래 해충 소나무재선충에게 큰 피해를 입고 말았다. 여기서 우리가 사는 땅의 "생태계 건강성"을 회복시키는 일에 주목할 필요가 있다. 건강한 생태계라면 병충해가 발생할 까닭도 없지만, 발병하더라도 이겨낼 수 있기 때문이다.

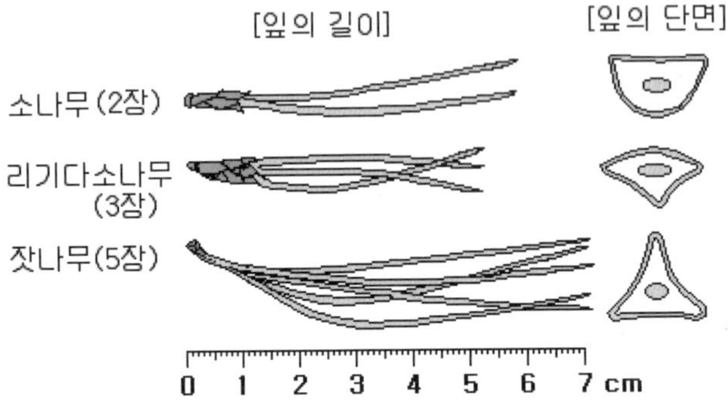

[그림 27] 소나무 종류의 쉬운 구별법. 우리나라 소나무(*Pinus densiflora*)는 잎이 두 장 모여난다. 북미산 리기다소나무(*Pinus rigida*)는 잎의 길이도 짧고 세 장씩 모여난다. 잎이 5장 모여나는 잣나무(*Pinus koraiensis*)는 주로 추운 북부지방에 산다.

제3장

토지

1. 흙이란 무엇인가
2. 녹색의 생명체, 식물
3. 삼림

제3장

토지

토지(땅)는 우리에게 살아 숨 쉴 수 있도록 도와주는 식물과 동물과 식량과 마실 물을 제공한다. 조리와 냉난방에 쓰는 연료와 에너지는 나무로부터 직접 얻는다. 간접적으로는 매장된 생물체의 시체로부터 장구한 세월에 걸쳐 만들어진 석탄, 천연가스, 석유 등의 화석연료로부터 얻는다. 땅 속에서 채굴한 광물로 기계를 만들고, 다시 그 기계를 이용하여 태양력, 풍력, 수력, 조력을 만들어 낸다. 지표면에서 얻은 재료로는 건물과 옷과 여러 가지 재산을 만든다. 결국 우리가 살기 위해 필요로 하는 모든 것은 어떤 형식으로든 바로 이 땅에서 의존한다.

오염된 땅에서는 살지 않는 꽃식물(개복수초, 팔공산)

1. 흙이란 무엇인가

- 흙(토양)은 숲이나 바다처럼 생명체를 먹여 살리는 또 다른 생명부양계이다.
- 10센티미터 깊이로 쌓인 흙은 1만년이란 장구한 세월에서 비롯한다.
- 생명의 지속가능성을 보장받는 첫걸음은 토양 보전에 있다.

토양(土壤, 흙)은 지구 표면의 최상층을 이루고, 식물이 필요로 하는 여러 가지의 화학 성분을 제공하는 필수 요소이다. 암석 입자와 물과 공극(孔隙)이라는 틈으로 이루어져 있다. 토양층의 최상부에는 죽은 동식물 시체의 썩은 거름(humus)과 덜 썩은 찌꺼기(litter)가 쌓인다. 거름은 비옥한 토양을 만드는 가장 귀중한 비입자성 물질이다. 표층토(topsoil)는 지표면 가까이에 거름이 풍부하고, 그 아래 미네랄이 풍부한 흙 사이에 있다. 그보다 더 아래로 내려가면 모암(母岩)이 위치한다(그림 28).

식물 뿌리는 물과 공기와 미네랄을 흡수하기 위하여 미세한 **토양입자**(토양알갱이, soil particles) 사이에서 살아간다. 토양은 대형 암석이 부서지는 풍화작용을 거치면서 생긴 미세한 입자성 암석파편에서 만들어졌다. 풍화 과정은 빗물, 바람, 얼음, 산악 가스, 식물 뿌리 따위의 도움으로 오랜 세월 동안 연속적으로 일어난다. 하천 작용은 토양의 재료가 되는 여러 가지 풍화 물질들을 50년에 걸쳐서 약 30cm 정도 그 하류로 옮기고 쌓는다.

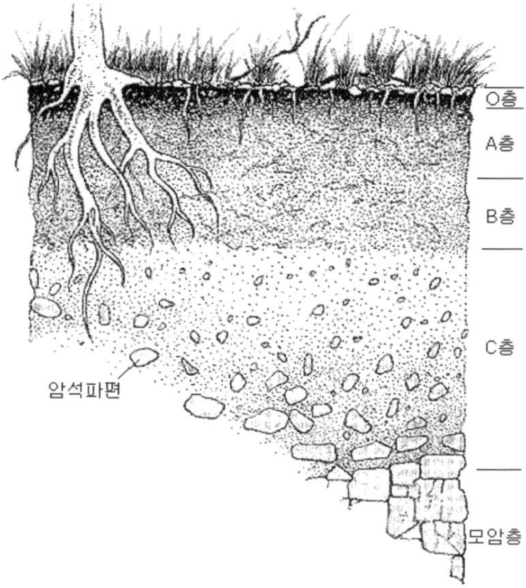

[그림 28] 토양단면도. 토양의 최상부층 O층은 낙엽층(litter층)과 거름층(humus층)으로 된다. A층은 토양미소생물이 가장 풍부하고, B층에는 미네랄이 많다. 식물 뿌리는 주로 A층과 B층에서 발달한다.

토양 속에는 우리가 상상하는 것보다 훨씬 많은 생명체들이 살고 있고, 지표면의 모든 생명체들은 토양에 의존한다. 아름다운 숲이나 바다처럼 생명체를 먹여 살리는 생명부양계(life-support system)가 토양인 것이다. 축구장 크기 면적에는 서울 인구의 30배에 이르는 3억 마리의 지렁이, 진드기, 노래기 같은 소형 동물이 산다. 미소생물종(微小生物種)으로 박테리아, 조류, 곰팡이 등은 상상할 수 없을 정도의 숫자로 서식한다. 이들은 식물이 유기물을 이용 가능한 형태인 무기물로 바꾸고, 다시 식물이 만들어 준 유기물을 먹고 산다. 토양은 이처럼 다양한 생물종의 서식 공간이 되면서도 지구 생태계의 일차 생산자인 식물의 성장에 필요한 물질과 에너지의 공급처이다. 그 무엇보다도 모든 생물의 시체나 배설물을 무기물로 분해하고 처리하는 장소로서 지구환경 속에서의 그 기능은 절대적이다.

토양의 다양성은 지역이나 경작지에 따라 질적으로 큰 차이를 보여준다. 작물 생산에 적합한 토양이 있는가 하면, 사막이나 습지처럼 극단적으로 건조하거나 과도하게 습한 토양도 있다. 지구상에 육지로 노출되어 있는 약 135억 헥타르의 면적 가운데 약 십분의 일 남짓의 면적(15억 헥타르) 만이 경작지로 이용되고 있다. 인류의 노력에 따라서는 약 33억 헥타르의 면적을 경작지로 활용할 수 있다.

작물을 경작하려면 토양 속에는 적절한 양의 영양분이 있어야 한다. 거름성분이나, 표층 토양이나, 미생물이 존재하지 않는 토양에서는 식물이 살 수 없다. 장구한 세월에 걸쳐서 집약적인 영농이 이루어진 토지는 그 토양 속에 극히 적은 수의 미소동물(微小動物)만이 살고, 주요 미네랄도 부족하다. 화학비료나 제초제 때문에 크게 황폐화돼있고, 사람 몸으로 말하자면 무척 쇠약해진 상태인 땅이 많다. 암석 파편으로부터 새로운 토양 1 cm 깊이의 흙이 만들어지기 위해서 무려 1천 년이란 시간이 소요된다는 사실을 감안하면, 토양은 수자원만큼이나 귀중한 자원이다. 따라서 모든 식물종자와 토양 미소동물을 포함하고 있는 '생명의 흙'은 경작을 위한 필수 요소인데, 그러한 경작을 위한 최소한의 토양 깊이 10 cm를 잃어버리면 무려 1만 년이란 자연의 잠재력을 잃고 마는 셈이다.

삼림의 남벌, 척박한 토양에서의 경작, 집약적인 경작과 방목 따위는 토양 유실에 의해 촉진되는 토지의 **사막화 현상**을 낳기도 한다. 현재 지구상의 사막은 8억 헥타르로 지구 전체 육상면적(135억 헥타르, 빙하지역 제외)의 6%를 차지하며, 사막화의 위험에 처해있는 지역은 약 38억 헥타르로 28%에 이른다. 이러한 사막화 현상은 아프리카와 같은 열대 지역과 몽골과 중국 내륙지역의 온대 건조지역에서 심각하다. 미국보다 면적이 6 배 작은 에티오피아에서 연간 토양 유실량이 미국 전체의 그것과 맞먹을 정도로 심각하다.

사막화 현상은 지역 기후의 특성에 따라 국지적으로 발생한다. 우리나라와 같이 계절적 강수량 편향이 심하여 홍수와 가뭄이 번갈아 발생하는 지역에서는 사막화 영향을 크게 받는다. 우리나라는 북서부의 중국 사막 위험군 지역으로부터 그리 멀리 않는 곳에 위치한다. 그래서 국지적 사막화를 방지하는 것은 국가적 전략이기도 하다. 영남 과우지역(寡雨地域)에 속하는 동해안 포항 지역 일대에서 발생한 산불 사례(1994년)는 그 지역의 삼림황폐화를 초래하였고, 이어서 토양유실도 심하게 일어났다. 결국 자연의 회복 능력이 매우 취약한 국지적 '저위험' 또는 '중위험'의 사막화 징후가 나타난다(도움글 참조).

산불로 발생한 사막화 징후 지역(포항 지역)

도움글

토양 입자 : 생물상을 제외한 토양의 물리적 구성요소이다. 토양입자의 크기에 따라 자갈(2mm 이상), 모래(2~0.05mm), 실트(0.05~0.002mm), 점토(0.002mm 이하)로 구분한다. 이런 토양입자의 크기에 따라 토양 공극(토양 입자 간의 틈)의 크기도 크게 달라진다. 공극이 큰 모래는 공기와 물이 잘 통하는 통기성(通氣性)과 통수성(統水性)이 좋다. 점토는 반대로 불량한 통기성과 통수성을 갖는다. 결국 토양 입자에 따라 토양 속에 사는 생물상이 다르고, 거기에 뿌리 내리는 식물상도 다르다(그림 29).

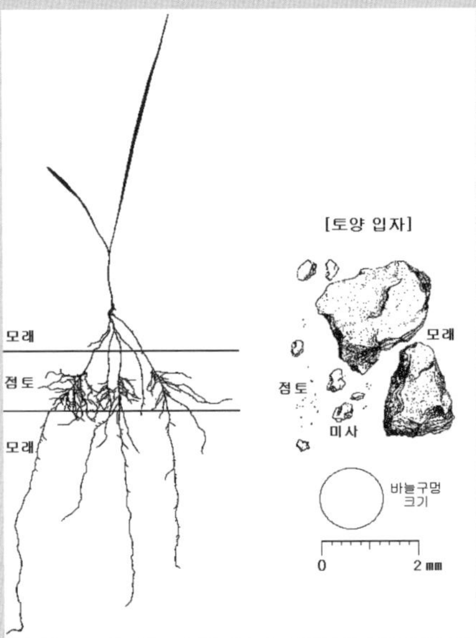

[그림 29] 토양 입자 크기와 식물 뿌리의 성장(Begon *et al.* 1996으로부터 재구성). 식물 뿌리는 토양 입자 구성에 따라 뿌리 생장에 차이가 난다. 입자가 작은 진흙 성분이 많은 토양은 모래가 많이 섞인 토양보다 통기성과 통수성이 불리하다.

사막화현상(desertification) : 토양의 유실과 척박함으로 식생이 거의 들어서지 못하는 입지 조건으로 변화하는 현상이다. 토지의 사막화는 본래의 토지 환경으로 회복이 불가능하거나 아주 장구한 세월이 걸리는 것이 특징이다. 이러한 사막화 현상은 전세계 곳곳에서 현재에도 진행되고 있다. 지구상의 사막화 현상은 크게 4가지로 나뉜다. (1) 극위험은 이미 사막화가 크게 진전된 지역이다. (2) 고위험은 사막화 위험성에 크게 노출된 지역이다. (3) 중위험은 사막화의 초기단계로써 식생 발달이 매우 느려서 앞으로 다가올 불규칙적 기상재해(가뭄 또는 집중호우 등)에 의한 토양 침식의 우려가 높은 지역이다. 토양 침식의 우려가 높은 지역이다. (4) 저위험은 가장 낮은 수준의 사막화 징후 지역이나, 경계를 늦출 수 없다(그림 30).

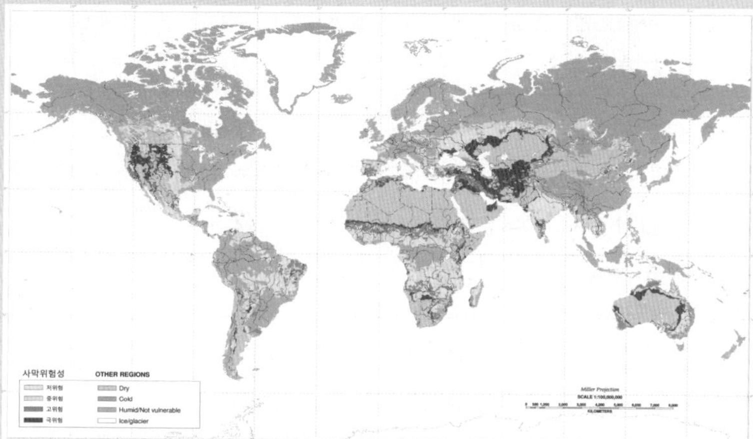

[그림 30] 사막화 지역. 아프리카 전역의 55%가 사막화 상태이며, 아시아 지역의 2/3는 사막화의 위험에 직면해 있다. 그 주된 요인은 집약적인 농업과 부적절한 관개 시설에 따른 수자원 고갈에서 비롯한다(지도: USDA 2003).

2. 녹색의 생명체, 식물

- 식물은 우리를 먹여 살리고, 우리에게 옷을 입혀주고, 우리를 숨 쉴 수 있도록 해준다.
- 인류를 직접 먹여 살리는 경작물의 생체량은 지구 전체 식물생체량에 0.5%에 지나지 않는다.

녹색 생명체인 식물이 지구상에 존재하지 않는다면, 어떠한 생명체도 생존할 수 없다. 특히 모든 동물과 일부 분해자까지도 살기 위해서는 호흡을 통해 산소를 흡수해야 하기 때문이다. 지금으로부터 2~3억 년 전 지구상에 **광합성**(photosynthesis) 식물이 출현함으로써 공기 속에는 산소가 증가했다. 식물은 광선(빛에너지)을 이용하여 종속영양 생물인 동물들이 사용 가능한 화학에너지라고 하는 물질(탄수화물)을 만든다. 이때에 식물 세포 속에서 물이 분해되면서 산소가 나온다(그림 31).

식물은 식물체 자체가 초식동물의 중요 먹이이기도 하다. 비바람으로부터 토양 유실을 보호하고 직사광선으로부터 토양건조를 방지하는 것도 식물의 중요 기능이다. 식물은 지구상의 물 순환에 결정적인 역할을 한다. 뿌리를 통해서 토양 속의 물을 흡수하여 잎의 증산작용을 통해 대기 중으로 수송한다. 이것은 혹서(酷暑)와 혹한(酷寒)으로부터 인간과 동물들이 살아갈 수 있도록 지역의 기후를 완하하고 조용하면서도 쾌적한 환경으로 만들어 준다. 거기에다가 식물은 우리에게 의식주(건축, 옷, 염색, 약 등)를 위한 유용한 재료이다.

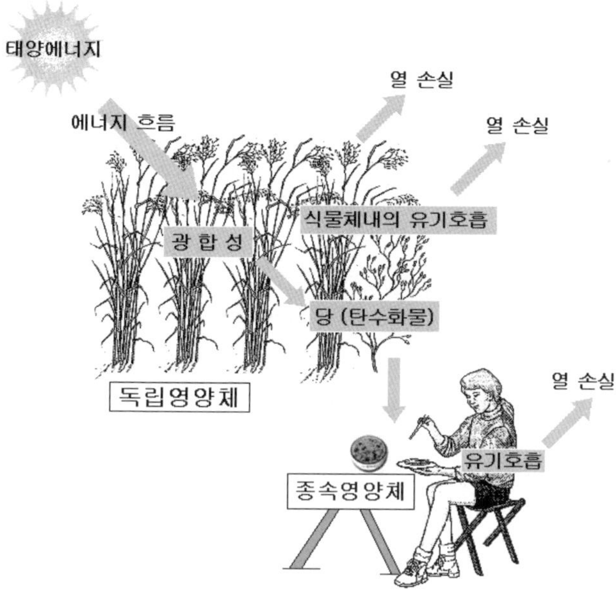

[그림 31] 지구 생태계 속에서의 식물 광합성 기능. 지구상의 생명부양은 일차생산자(독립영양체)인 녹색 식물에 의해 태양에너지가 화학에너지(탄수화물)로 바뀌면서 가능하다.

지구상 모든 살아 숨쉬는 생명체의 생체량(biomass) 가운데 99%가 식물이다. 그런데 이 생체량은 지구상에 고르게 분포하지 않는다. 지구 육상 면적의 50% 이상을 차지하는 사막과 툰드라지역은 지구 전체 식물 생체량의 겨우 2%만을 차지한다. 지구 전체 생체량의 50%를 차지하는 **열대강우림 지역**은 지구 육상면적의 겨우 10%에 지나지 않는다. 우리나라를 포함한 온대림 지역은 지구 육상면적의 약 8%이지만 지구 전체 생체량의 21%를 차지한다. 열대강우림 지역과 온대림 지역을 합하면, 지구 전체 식물생체량의 70% 이상을 차지하는 매우 중요한 **생물군계**(biome) 지역이다(Whittaker, 1975). 이에 비하여 인간 영농에 의해서 획득되는 경작물의 생체량은 지구 전체 식물 생체량의 0.5%에 지나지 않는다(그림 32).

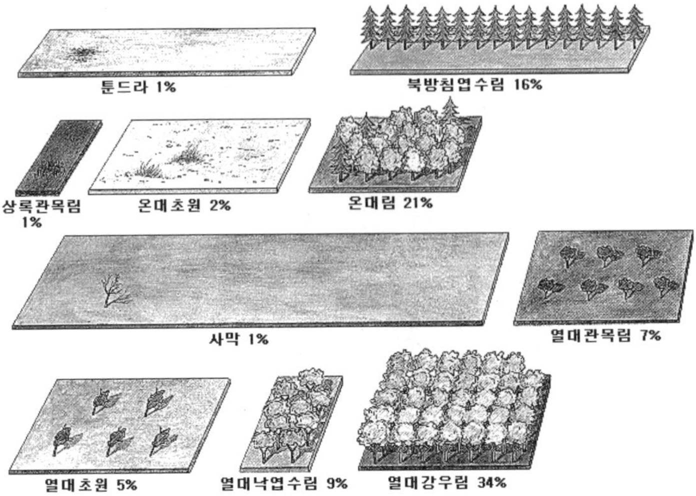

[그림 32] 10가지 생물군계에 있어서 육상 생태계의 생산성(White, 1996). 지구 육상 면적(그림의 밑 받침대 크기는 생물군계별 상대적 면적을 나타냄)의 28.1%(42 x 106 km^2)를 차지하는 사막은 육상 생태계의 생체량 가운데 겨우 1%를 차지하지만, 육상 면적의 겨우 3.4%를 차지하는 열대강우림은 육상 생체량의 약 10%를 차지한다 (Begon *et al.,* 1996).

도움글

광합성(photosynthesis) : 식물이 녹색으로 보이는 것은 잎 엽록체가 녹색을 모두 반사하기 때문이다. 그 엽록체에서 빛(光)을 에너지원으로 해서, 대기 중의 이산화탄소(CO_2, 炭素)와 토양 속의 물(H_2O, 水)을 합성한다. 최종적으로 탄수화물(炭水化物)을 만든다. 식물은 이 탄수화물로부터 지질과 단백질을 생산한다. 식물은 이런 광합성 과정에서 발생하는 찌꺼기인 산소를 대기 중으로 방출한다. 대기권 속에 산소(O_2)와 이산화탄소(CO_2)의 양을 자연적으로 조절하는 유일한 생명체가 지구를 덮고 있는 녹색의 식물이고, 그 식물사회가 식생(植生)이다.

열대강우림(tropical rain forests) : 열대강우림의 식물은 빨리 자라고, 매년 새롭게 만들어져 삼림을 구성하는 식물 생장량이 무려 25%에 이른다. 이런 생산 속도는 온대 지역의 2배, 북방침엽수림지역의 4배이다. 결국 열대강우림 지역의 토양 미네랄과 수자원과 이산화탄소는 삼림 형태로 저장되는 셈이다. 따라서 열대강우림 벌채로 삼림 면적이 감소한다는 것은 이 지역의 토양잠재력을 잃게 하고, 대기 중의 이산화탄소 증가를 초래하게 되는 까닭이다. 1950년대 지구 육상의 1/3은 열대림과 온대림이었으나, 그 후 1975년에 이르기까지 열대림의 경우 급격한 면적 감소가 있었다. 20세기 말, 열대림은 50년 전 면적의 1/3만 남게 되었고, 온대림은 그래도 현상을 유지하고 있는 형편이다. 온대림 지역의 많은 국가들은 선진산업국가들로서 자국의 삼림 보호와 삼림 증진에 노력해 왔던 덕택이다. 한편 열대림 지역의 대부분은 개발도상 국가들로 국가 경제의 중요 부문을 이 열대림을 통해서 획득하고 있는 실정이다. 그런데 지구적 수준에서 열대림의 감소는 실제로 선진산업국가들 탓이다. 문명사회의 척도가 되는 종이의 소모, 이 종이 소모가 대부분 선진산업국가에서 일어나고 있다. 값싸게 수입한 목재로부터 종이를 만드는 펄프산업의 중흥이다. 그 결과 벌채된 열대림 지역은 토지는 토지대로 잠재력을 상실하였고, 그로 인한 해당 지역의 경제적 지속가능성 또한 쇠약해지는 심각한 문제로 이어졌다. 열대림 벌채에 노출되었던 대부분의 지역은 지금도 여전히 경제적 빈곤 속에 남아 있다.

생물군계(biome) : 기후 환경은 지역의 식생과 경관을 결정한다. 경관(landscape) 단위보다는 크고 생물지리학적 지역(biogeographical region) 단위보다는 작은 단위가 생물군계(生物群系)로 10가지로 구분한다(그림 32 참조). 극지방과 고산의 툰드라, 고위도(高緯度) 지방의 북방침엽수림, 중위도(中緯度) 지방의 온대활엽수림과 온대초원, 적도 지방의 열대초원, 사바나, 열대강우림, 열대낙엽수림(열대계절림), 지중해 지역의 상록경엽관목림, 사막이다(그림 33).

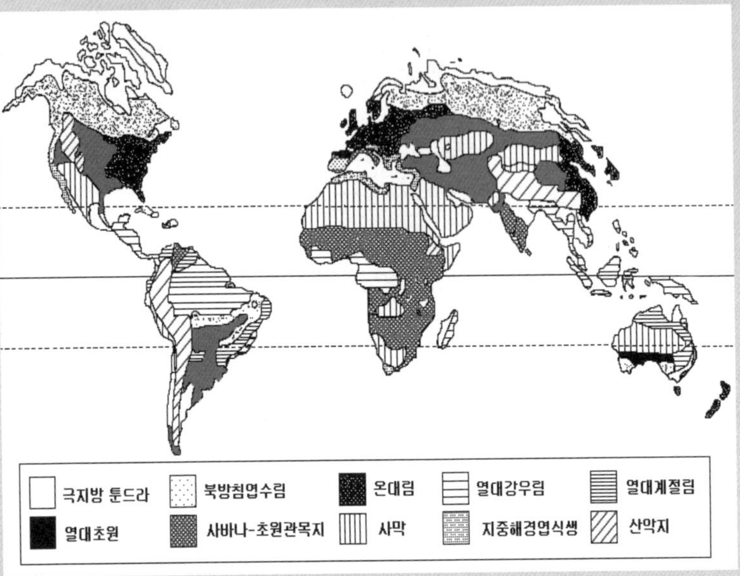

[그림 33] 10가지 생물군계(Cox *et al.*, 1976). 현대 첨단 산업문명을 이끄는 지역은 4대 온대림 지역이다. 북반구의 우리나라를 중심으로 하는 환동해 지역, 중서부 유럽, 북미의 동북지역, 남반구의 뉴질랜드와 호주 동부 지역이다.

3. 삼림

• 지구 자연자원의 최대 보고는 삼림이다.
• 삼림은 그런 자원의 가치를 넘어서는 야생 생물종과 우리의 삶을 보장하는 존재 가치가 훨씬 크다.

삼림은 인류의 삶에 필요한 주요 자원을 제공한다. 건축 재료로써 목재, 난방 및 요리를 위한 연료, 문명 활동을 위한 종이, 아스피린과 같은 약품의 재료 물질, 버섯과 같은 먹거리 등등, 다양한 자원을 삼림으로부터 얻는다. 풍부한 삼림 자원이 있기에 가능한 것도 건축 문화이다. 지구 인구의 1/2 이상이 살고 있는 개발도상국에서 삼림은 주로 땔감으로 쓰인다면, 선진산업국에서는 펄프를 포함한 여러 가지 산업의 재료로 이용되는 부분이 크다. 더 나아가 중서부 유럽의 경우는 고급주택일수록 많은 목재를 투입해 집을 짓는다. 시멘트 플라스틱, 금속 등으로 된 벽보다 목재로 된 주택 벽이 난방과 냉방의 에너지 이용효율 측면에서 유리하다는 생태건축의 기술 진보가 뒷받침한다. 이처럼 삼림은 우리에게 많은 기회를 제공한다. 여전히 수많은 생물종이 삼림에 의존하고 있기 때문에 이들이 잠재적으로 얼마만큼 인류에게 도움을 줄지를 가늠한다는 것은 단순한 과학의 논리로 설명될 뿐, 우리의 상상을 넘어서는 잠재적 인류 자산이다. 삼림은 인류의 새로운 미래를 위한 잠재적 생태 구조체이다.

그럼에도 인류 사회는 삼림에 대한 일방적이고 직접적인 이용에 머물러 있는 상태이다. 폭발적인 **인구증가**는 식량 공급의 증대를 수반하고, 필연적으로 경작지 면적의 확대도 뒤따르게 된다. 고대로부터 성행했던 화전 농법은 경작지를 만드는 가장 손쉬운 방법이었고, 단순히 원시림을 태우는 것에서 시작했다. 동남아시아에서는 이 농법이 20세기까지도 번성하였고, 이로 말미암아 열대 원시림 면적은 급격히 감소하였다. 오늘날 삼림에 직접 의존하면서 생활하는 인구는 여전히 약 2억 인으로 추산한다. 삼림은 이들에게 여전한 생활 터전이고 생존의 기반이다. 하지만 원주민이 절대 빈곤으로부터 벗어나지 못한다면 화전농법은 계속될 수밖에 없다. 국제적 노력이 필요한 대목이다.

지구상의 삼림 생태계는 지구 대기후 수준의 건조화뿐만 아니라 인간 간섭으로부터 상당한 양이 파괴되었다. 육지의 35~40%를 차지하던 삼림면적이 지금은 30% 정도로 줄어들었다. 특히 열대강우림의 경우 35억 헥타르가 25억 헥타르로 줄었으며, 여러 가지 이유로 매분 10헥타르가 사라지고 있는 실정이다. 매년 우리나라 면적의 약 두 배 정도인 1천7백만 헥타르의 삼림지역이 유실되었다(그림 34).

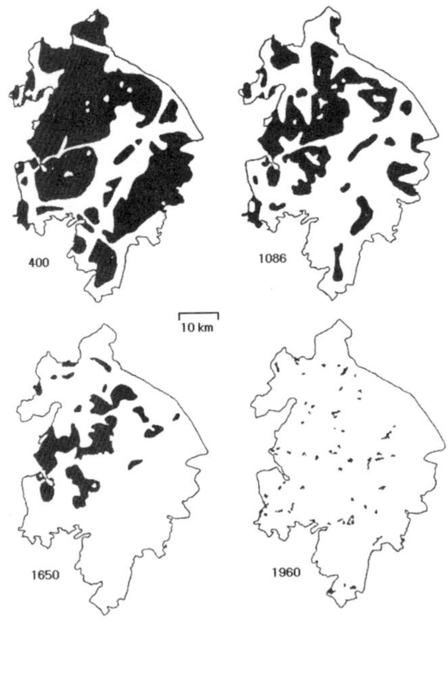

[그림 34] 영국(Warwickshire 지방)의 삼림지역 감소(Primack, 1995). 5세기 이후 지난 천여 년 간의 삼림 면적의 감소는 극적으로 진행되었다. 이런 현상은 특히 온대지역에 위치하는 선진산업국가의 공통적인 현상이다.

삼림 면적의 감소는 대기권, 토양권, 생물권 심지어 수권에도 영향을 미친다. 또한 우리에게 구체적으로 어떤 영향으로 나타나게 될지 그 결과를 명확하게 진단하고 예측하기란 쉬운 일이 아니다. 삼림은 많은 식물종들의 집합체이고, 하나의 넓은 공간을 차지하는 구조체이다. 때문에 하나의 생태계로서도 지구환경 속에 기여하는 바는 매우 크다. 광합성을 통한 식물의 생장과 더불어 생산되는 거대한 산소 공급원이면서 이산화탄소 저장고이다. 엄청난 양의 뿌리와 잎은 토양권에서 대기권으로의 수분 수송, 즉 물의 순환을 감당하면서 지구를 쾌적한 기후환경을 갖는 삶의 터전이 되도록 뒷받침한다. 그 밖에도 대기 정화와 홍수 방지와 같은 다양한 물리화학적 기능을 포함하고, 특히 생물종의 핵심서식처로서 기능한다. 결국 삼림은 어마어마한 공익적 가치를 갖는다. 삼림의 이런 공익적 가치는 자연림이 인공림보다 훨씬 크다. 그래서 비록 사유지 영역 내에 분포하는 삼림일지라도 거기에 자연림의 일부가 남아 있다면, 그것은 공공의 공유자산 의미는 아주 크다. 세계 대부분의 국가에서 삼림 개발에 대하여 국가나 지방정부가 관여하는 이유이기도 하다.

공유자산으로 자연림의 공익적 가치를 누구나 인정하지만, 실제로 삼림 면적은 계속해서 소규모 또는 대규모로 축소되고 있다. 그것은 벌채 및 이용을 통하여 더 잘 살 수 있다는 막연한 생각에서 비롯할 것이다. 상대적으로 소규모이지만, 일부 지역 주민들도 그런 벌채로 부자가 될 수 있다는 단견을 갖고 있기도 하다. 다행스럽게도 지역주민에 의한 소규모 벌채는 시간이 지남에 따라 그 회복이 느리지만 가능하다. 그럼에도 국지적인 삼림황폐화로 말미암은 수분(물) 순환 환경의 교란은 일부 또 다른 잔존림(殘存林)의 건조현상을 초래하게 된다. 이런 삼림의 질적 쇠퇴까지 포함한다면 벌채로부터 얻어지는 경제적 이익이 숲 자체를 유지해가면서 지속가능한 이용으로부터 발생되는 경제적 이익보다 크다고는 할 수 없다.

규모가 큰 삼림벌채는 국지적인 향토 수준을 넘어서 지역 수준의 경관과 생태계를 황폐화한다. 거대한 댐 건설, 대규모 광산개발, 상업적인 목축의 대규모 목초지 조성, 대규모 레저스포츠 시설지구 건설과 같은 광범위한 면적의 삼림 유실은 그 지역의 생태계 훼손은 물론, 궁극적으로 지역의 토지잠재력을 상실하게 한다. 그것은 장기적으로 지역주민의 삶의 질을 떨어트리는 원인이 된다. 2018평창동계올림픽을 위하여 지금까지 단 한 번도 대규모 벌채를 경험한 적이 없는 가리왕산의 울창한 자연림이 2015년에 대규모로 벌채되고 말았다. 지역경제 활성화와 일자리 창출을 배경으로 추진되고 있지만, 실제로 그 성과를 보증하거나 책임질 조직이나 정책결정자는 없다. 가리왕산 일대의 삼림식생이 갖는 공익적 가치와 생태윤리는 그렇게 크게 훼손되고 말았다.

삼림 면적의 축소는 또 다른 문제를 일으킨다. 예를 들면 대규모 삼림 벌채 또는 산불은 대기 중 이산화탄소 양의 증가로 이어진다. 이는 곧 지구온난화 문제에 맞닿아 있다. 지구적 수준에서 1979년~1989년 사이에 삼림황폐화 결과로부터 방출된 탄소(C)가 41%나 증가하였다. 이와 같은 전 세계에 걸친 삼림 유실은 생물종의 절멸, 지역 기후의 변동, 하천과 유역의 피해, 결과적으로 침식 증가 등의 아주 많은 문제점을 일으킨다. 결국 삼림황폐화는 지구의 자연환경 조건에 큰 변화를 야기함으로써 아름다운 삶의 터전을 잃고 마는 결과로 낳는다. 최근 인류는 이러한 삼림황폐화에 대한 심각한 자각을 토대로 '삼림보전원칙'(Convention for Deforestation)을 만들어 잔존하는 삼림을 보전하고 건전한 이용을 위해 애쓰고 있다.

지역 생태계의 급격한 변화를 초래하는 삼림 황폐화(대규모 산불과 벌채)

도움글

인구증가: 일만 년 전부터 지구 인구는 매우 극적으로 증가하였다. 특히 최근 천년간(서기 1000~2000년)의 인구증가는 폭발적이다. 서기 1492년에 지구 전체 인구는 현재 우리나라 남북한 총인구 수준으로 약 7천2백만이 넘지 않았다(Meyer, 1996). 그러나 1950년과 1985년 사이에 지구 인구는 25억 인에서 50억 인으로 배로 증가하였고, 현재 약 74억 인으로 추산되고 있다(그림 35). 서기 2020년에 지구 인구가 80억 인을 육박하고 있다. 인구증가율은 산업선진국과 개발도상국 간의 차이가 뚜렷하다. 대부분의 산업선진국에서는 증가율이 1% 이하이지만, 아프리카와 라틴아메리카와 동남아시아 등지의 개발도상국은 인구증가율이 2%를 웃도는 실정이다.

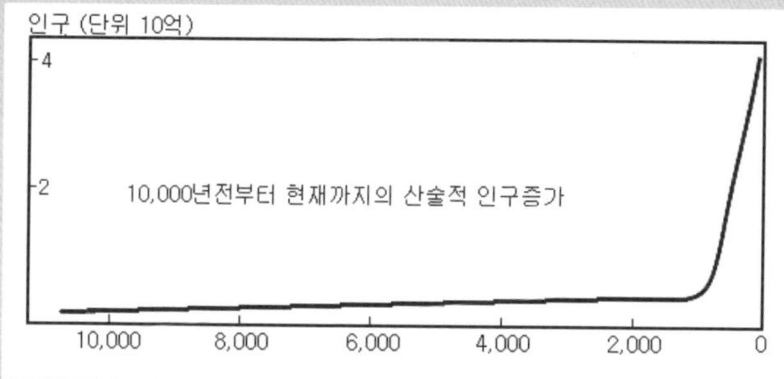

[그림 35] 폭발적인 인구증가(Meyer, 1996). 서기 1,000년 이후의 폭발적인 인구증가는 지구환경과 인류 식량에 심각한 문제를 일으키고 있다.

세계 각지의 삼림파괴: 아프리카에서 삼림지역은 남위 0~30도 지역에 널리 남아 있고, 나머지는 거의 사막이다. 아프리카 중앙의 수단은 과거 대부분이 삼림지역이였으나 지금은 사막이다. 수단의 사막화는 17년간 100킬로미터나 남하하였고, 사하라에서는 매년 약 10만 헥타르가 사막화되었다. 아프리카 지역의 이러한 삼림 유실은 지역의 기후변화로 이어져 강수량이 크게 감소하였다. 지역적 건조화는 지역 삼림의 쇠퇴와 밀접한 관계가 있음이 밝혀졌다. 지하수는 1천 미터 이상 지하 깊숙한 곳에 위치하고, 소금기까지 섞여 있어서 야채 재배도 거의 불가능한 상태이다. 거기다가 식물 뿌리까지 먹어치우는 산양을 방목함으로써 이듬해는 새싹마저 돋아나지 않게 되고, 결국 식생 회복능력을 잃게 되면서 마침내 토지의 사막화가 가속화 되고 있는 실정이다.

중동과 인도 지역(이란, 사우디아라비아, 인도, 일부 중국 포함)은 원시 자연림이 거의 존재하지 않는다. 인도에서는 최근 30년간 150만 헥타르의 삼림이 사라졌고, 네팔의 경우 국토의 60%를 차지했던 삼림 면적이 20%로 감소하였다. 그 결과 비와 바람에 표층토는 심하게 침식되어 아래 하부 지역으로 운반되면서 저지대의 옥토를 뒤덮고 말았다. 경작지는 평지에서 점점 높은 고지대로 옮겨가고, 마침내 밭 경작지가 해발 4천 미터 높은 고지대까지 조성되어 있을 정도이다. 히말라야 고해발 산지의 황폐는 인더스강, 갠지스강, 브라마푸트라강의 강바닥을 매년 30cm나 높이고 지금은 국지적으로 해수면 보다 높은 대지를 만들고 있다. 방글라데시에서는 아주 적은 강수량에도 홍수가 빈번하게 발생하고, 매년 수만 명이 목숨을 잃는 수해를 입는 까닭도 히말라야 산지의 삼림파괴가 근본원인으로 지목된다.

중국 내몽골과 몽골 지역 내에는 삼림이 극히 좁은 면적으로 잔존한다. 중국은 미얀마, 베트남으로 이어지는 남부 지역에 한정되어 겨우 국토의 13% 정도만이 삼림지대이다. 특히 최근 30년간 600만 헥타르가 사막으로 변해 버렸다. 이미 고대 사회에 만리장성 축조를 위해 필요한 벽돌 제작으로 삼림이 크게 감소되었던 적이 있다. 삼림지대는 거대한 초원으로 바뀌고, 초원은 또다시 밭으로 일구어 개발되면서 오늘날에는 북경 시내에도 모래바람이 부는 날이 빈번한 실정이다. 중국의 중부와 북부의 내몽골은 사막지역이 넓고, 고비와 타쿠라마칸 사막에서 발생하는 황사(黃砂)는 계절풍을 따라 운반되어 우리나라에도 지대한 영향을 미친다.

페루와 콜롬비아에서 발원하여 대서양으로 흘러드는 6,240km의 아마존강, 그 유역은 습윤 열대원시림의 최후의 보루이다. 이곳에서 생산되는 산소량은 지구 산소 생산량의 1/3~1/5를 차지한다. 하지만 펄프 원료 획득을 위해 오지(奧地)까지 임도(林道)를 건설하고 1분에 20헥타르의 원시림이 벌채되고 있다. 이런 추세로 벌채가 계속된다면 서기 2080년에는 이 지역 전체의 열대강우림이 사라지고 만다. 열대강우림은 수분이나 영양분이 식물체 지상부에 저장되는 거대한 구조체로서 땅 속에는 오히려 유기물이 빈약한 편이다. 흰개미, 원생동물, 세균류의 활동이 활발하여 쓰러진 나무나 낙엽은 일순간에 분해되어 수목에 흡수되기 때문이다. 거기에다가 열대강우림 지역의 지역성 집중강우는 토양과 영양분의 유실을 가속화한다. 따라서 열대강우림 지역에서 화전과 대규모 방목은 반생태적 토지 이용 방식인 셈이다. 아마존 지역은 화전 농업이 현재도 성행하기 때문에 이대로라면 수십년 후에는 원시림의 모습을 볼 수 없을지도 모른다.

지탱가능한 삼림 경영으로 유명한 남부 독일의 울창한 흑림지대

Think globally Act locally

실천 가능한 녹색 가꾸기

- 마을 근처에 탐방 숲을 정하고 숲에 사는 생물에 관심을 갖는다.
- 가족나들이에서 숲과 수목에 대하여 관심을 가지고 사색하는 기회를 만든다.
- 좋은 식물에 대하여 건전한 종자를 수집하고 묘목을 보급한다.
- 생활 주변(정원, 학교 울타리, 공터 등)에 고유 식물을 심는다.
- 나무를 선물하도록 한다.
- 공공의 삼림을 훼손하는 행위에 대하여 관계당국에 알린다.
- 삼림 보호를 위해 활동하는 사회단체(NGO)를 자발적으로 참가하고 지원한다.
- 가뭄으로 건조한 계절에는 자연 야생지역에서 불 취급에 유의한다.
- 지구온난화 방지에 크게 기여하는 삼림 면적의 확대를 위하여 식생활(육류 소비 줄이기)을 개선한다.

이 생각 저 생각

지구 생태계를 위해서 참아 주세요!

육상 토지(land)를 건전하게 그리고 더욱 지속적으로 보존하기 위한 최선의 방법은 그 토지에 몸담고 사는 토착민을 이해하고 도움을 주는 것이다. 개발도상국의 토착민은 삼림 이용과 이익에 있어서 그들 간에 공평한 분배가 있었으며, 이를 위해 그들은 삼림을 보전하면서 지속가능한 이용을 해왔다. 그들 국가도 토착민이 삼림을 보호하고, 땔감이나 가축의 먹이, 건축자재, 기타 여러 생활일용품을 공급하는 다목적의 수목을 조성할 수 있도록 도와주었다. 더욱 건전하고 다목적의 삼림 보호와 조성을 통하여 홍수와 가뭄을 완충하고, 토양 침식이나 산사태 등을 방지하였으며, 이를 통해 하천과 개울의 생태적 기능에도 안정성을 확보하는 성과를 거두었다. 산업선진국의 경우는 외국으로부터 목재를 수입할 수 있는 능력 때문에 어느 정도 자국 내 삼림을 보호할 수 있고, 종이 재활용이나 열대목재의 소비를 줄임으로써 지구적 수준의 삼림 보전에도 기여할 수 있다.

정부나 회사에 의하여 대형 댐의 건설, 펄프 목재를 위한 삼림벌채, 관광단지 조성 등, 어떠한 형태건 개발 의지가 내비칠 때, 현지 주민들에게는 그들의 토지 관리 방식에 변화가 일어나고, 토양과 식생 유실의 최초 원인이 발생하게 된다. 그러므로 현지 주민들에게 삼림의 황폐화와 토양침식을 방지할 수 있도록 자본과 기계의 지원, 과학자들과 기술자들의 영농에 대한 조언, 유기농법의 권장, 기후와 토지에 적합한 잠재자연 식생 자원의 이용을 적극적으로 지원하는 정부 대책이 필요하다. 이러한 지역의 건전한 토지이용은 지구 전체의 인류적 과제와도 본질적으로 그 맥락을 같이 한다. 산업선진국은 이미 훼손된 토지에 대하여 복원을 진행하고, 개발도상국에서의 복원을 도와야 한다. 선진산업국에서 온 생태관광객이란 사람이 땔감용으로 나무를 베는 개발도상국의 토착민을 목격하고 '지구 생태계를 위해서 좀 참아 주시오.'라고 외친다면, 그것은 그들의 최소한 생존을 위협하는 오만한 행위이고, 결코 지구 생태계 보전을 위한 착한 실천은 아니다. 차라리 통나무바베큐를 자제하는 것이 옳다. 낭비적 생활양식과 값싼 자연자원의 무차별적 사용을 자제하는 실천이 뒤따를 때, 지구의 토지를 인류의 건전한 삶의 터전으로 보전하는 일에 동참하는 것이 된다.

제4장

인류의 식량

1. 식량 자원
2. 식량 문제
3. 건전한 식탁 문화

제4장

인류의 식량

식량 생산을 위한 최신 영농법의 개발과 무리한 영농은 토양을 피폐화하고, 수천 년이란 긴 시간 동안 지하 바위 틈바구니 속에 저장되어 온 지하수와 같은 고귀한 자연자원을 소모해 버리는 데 문제가 있다. 그러면서도 우리 가운데에는 늘 '배고픈 사람'이 있다. 북미에서 일 년에 한 사람이 소비하는 육류, 그 고깃덩어리를 생산하기 위해 사료로 이용되는 곡물 8백 킬로그램이 든다. 이것은 아프리카 한 사람이 일 년에 먹는, 그것도 아주 잘 먹는 수준의 곡물양의 다섯 배가 된다. 결국 한편에서의 마음껏 먹는 고기 식탁 문화의 어떤 변화가 다른 한편에서 아주 적절한 식탁을 꾸밀 수 있도록 도움을 줄 수 있다는 것이다. 풍부한 고기로 차려진 식탁꾸미기의 과소비적 먹거리 문화를 변화시킬 때에만 배고픈 자에게 최소한의 굶주림을 벗어나게 하는 식량을 제공할 수 있다.

식량생산 기지, 생물다양성 저장소, 기후조절, 홍수조절 등 다목적 생태기능의 논

1. 식량 자원

- 자본주의의 집약형 식량 생산은 지구환경적 문제점을 야기한다.
- 전통적이고 민속적인 영농법은 식량자원 획득과 지구환경 보전과 생물자원의 유전적 다양성을 확보하는 지속가능한 전략이다.

인류는 약 1만 년 전부터 농경문화를 일궈왔다. 아시아와 중동 지역에서 강어귀에 정착하여 작물과 가축을 키우기 시작했던 것이다. 현재 식량 생산을 위한 지구 전체의 경작지 면적은 미국의 약 1.5배 정도로 15억 헥타르에 이른다. 지구상에 나타나는 기후와 토양의 다양성으로부터 지역에 따라 다양한 농사가 이루어진다. 아시아 동부지역, 미국, 유럽은 온화한 기후와 비옥한 토양의 온대 생물군계로서 상대적으로 농사에 유리한 지역이다. 반면에 아프리카, 중동, 오세아니아처럼 건조하고 가혹한 환경 조건을 포함하는 생물군계에서는 온대 지역보다 농사에 불리하다. 현대 기술은 그런 열악한 환경에서 농사가 가능하도록 한다. 건조지역에 물을 공급하고, 척박한 토양을 더욱 비옥한 토양으로 전환하는 등, 한층 진보된 영농 기술로 척박한 환경에서도 농사를 가능하게 한다. 그러나 개발도상국 사람들은 토지 이용 방식을 개선할 수 있는 여유가 없다. 인도는 브라질의 비료 사용량의 반을 소비한다. 그러면서도 브라질의 곡물 생산량과 똑 같은 수확을 올리고 있다. 이것은 인도인들의 능숙한 기술과 노동 집약적이고 전통적인 농사에서 가능한 일이다.

우리나라, 일본, 영국 같은 국토가 좁고, 인구 밀도 높은 국가는 곡물의 높은 생산성을 추구한다. 때문에 과다한 비료를 사용하는 측면이 있다. 경작물이 충분히 이용하고도 남을 만큼 과다한 비료사용으로 주변 수계 생태계는 부영양화로 몸살을 앓는다. 곡물의 높은 생산성은 식량 증산만을 목표로 삼기 때문이다. 하지만 최신 영농법이라는 것은 많은 문제를 안고 있다. 토양을 피폐화하고, 지하 바위 틈바구니 속에서 수천 년이 걸려 저장된 담수(맹물)와 같은 고귀한 지하수자원까지도 소모해버리는 경우도 발생한다. 대규모 상업적 영농은 몇몇 사람들을 갑부로 만들고, 반건강적(反健康的)으로 과분한 식량으로 과식을 유혹한다. 반면 수백만 명의 사람들이 빈곤으로 배고픔을 경험하는 불공평한 현상도 낳는다.

대규모 상업적 영농은 일반적으로 비료와 제초제, 그리고 호르몬제와 같은 다량의 화학물질에 의해 이루어진다. 이것은 다음 세기까지 땅의 지속가능성을 담보할 수 없게 한다. 범세계적 야생 생물종의 대규모 절멸을 초래하고, 넓은 전원지역이 반생명적 사막으로 전락시킬 개연성이 있다. 하지만 이렇게 심각한 문제일지라도 이를 해결하는 데는 반드시 첨단의 새로운 방법일 필요는 없다. 인류의 장구한 전통농업 역사 속에서 파묻혀 있는 전통 지식 속에서 해법을 찾을 수 있기 때문이다(그림 36).

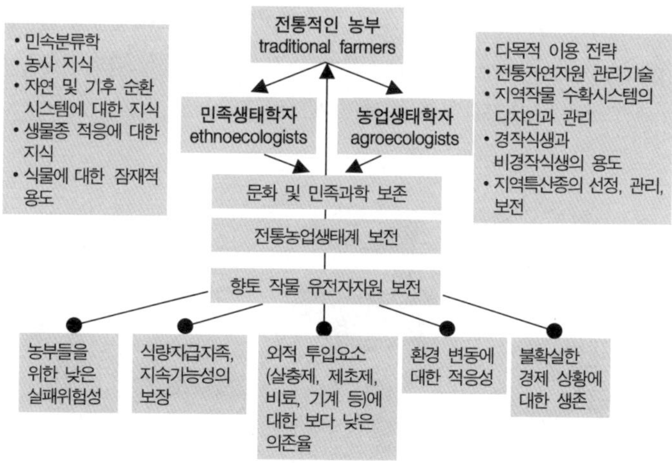

[그림 36] 전통 농업의 장점(Altieri *et* Anderson, 1992). 전통적 농업은 환경, 문화, 작물 유전자 다양성을 보전하기 위한 이론적 방법론적 수단 개발에 도움을 준다.

우리나라는 이미 국가적으로 식량 자급자족을 성취한지 오래다. 특히 벼농사는 생산에서부터 수확에 이르기까지 집약적이고 과학적인 영농으로 국제사회가 인정한다. 이러한 벼농사의 토대는 제한된 경작지 면적에 대한 집약적인 생산기술에서 비롯된다. 벼를 생산하는 논은 한반도 자연생태계에 대한 기능적으로 기여하는 바가 매우 큰 습지(wetlands)이다. 논은 이미 많은 생물종이 의존하는 생물서식공간이다. 거기다가 수자원 보전에 매우 유리할 뿐만 아니라, 지역 기후 조절에도 기여하는 생태계 서비스 기능이 탁월한 반자연(半自然, seminatural) 습지이다. 따라서 식량 생산의 기지로서만이 아니라 한반도 자연생태계의 보전 측면에서 논에 대한 통합적 이해가 절실하다. 쌀 생산의 초과라는 시장경제 논리로 논 면적을 축소한다면 우리는 많은 것을 잃게 된다. 논은 반자연습지로서 풍부한 생물다양성과 기후조절과 홍수조절과 같은 좁은 한반도 땅에서의 우리의 삶을 실질적으로 윤택하게 하는 수단이 다.

한편, 오늘날 많은 사람들은 고기, 우유, 계란과 같은 식량과, 가죽과 모피와 같은 의복에서도 동물성 자원에 크게 의존하고 있다. 인류에게 육류 단백질의 대부분을 공급하는 가축은 닭(거위 포함), 돼지, 소, 말, 양, 염소, 낙타, 버팔로, 노새(당나귀 포함)로 단지 아홉 종류이다(그림 37).

[그림 37] 주요 가축(White, 1996). 사육 가축은 그 목적에 따라 저밀도(A), 중밀도(B), 고밀도(C) 사육이 있다. 기업형의 고밀도 사육은 환경비용 및 위생비용이 많이 든다.

전 세계에는 사람 숫자의 거의 두 배나 되는 150억 마리의 가축이 있다. 그 가운데 100억 마리의 닭과 8.5억 마리의 돼지와 30억 마리의 소, 말, 양이다. 전 세계의 돼지 가운데 2/3를 중국에서 기르고 있으며, 전 세계 소의 15%를 인도에서 기른다. 이 같은 동물성 자원을 획득하기 위해서 지구상에 방목하는 면적(약 30억 헥타르)은 경작지로 이용되는 면적의 두 배이다. 산악 지역과 삼림지역과 사막지역 같은 자연 야생 입지에서의 방목까지 포함하면 지구상의 방목 면적은 약 60억 헥타르에 이른다. 이러한 집약적이고 광범위하게 일어나고 있는 기업형 방목은 토지를 척박한 불모지로 만든다. 마침내 대규모 토양 침식까지 일으키는 경우도 빈번하다. 그런데 들판에서 자연 친화적 저밀도 가축 방목은 지역 경관과 생태계의 새로운 기회를 제공한다. 초지식생이 발달하면서 초원 꽃 식물의 다양성과 곤충의 다양성이 크게 증가하는 기회가 된다. 하지만 고밀도의 기업형 방목은 심한 식초(食草)로 식생 재생이 어렵고, 가축에 의한 답압과 배설물에 의한 토양 염화(鹽化)로 토지의 잠재력을 잃게 한다.

우리나라는 좁은 국토에서 많은 인구를 부양하기 위해 고밀도 수준의 공장식 기업축사가 성행한다. 기업형 축사는 가축의 오폐수와 위생과 악취를 해결하기 위한 환경적 부대비용이 많이 든다. 그런데 공장식 축사의 소유자가 그 비용에 대한 지불의사가 없거나 약할 때, 사회적, 환경적 문제는 더욱 심각해진다. 특히 겨울을 전후한 한랭 기간 동안 발생하는 조류독감 또는 구제역은 국가적, 사회적 엄청난 비용(세금)을 지출해야만 하는 이른바 '공공의 비극'이 발생한다. 뿐만 아니라 살아 있는 가축까지도 생매장 처분해야 하는 생명 윤리적 문제는 심각하다. 거기다가 다량의 매장 사체로 인한 토양 오염과 오염배출수의 확산과 악취 따위는 생활환경의 질을 크게 떨어트리는 문제를 일으킨다. 국가와 지방정부는 고밀도 기업형 축사에 대한 엄격한 관리 책임이 따른다. 소비자들에게는 육류에 대한 도덕적 경제 윤리를 바탕으로 그 소비를 줄이는 성숙한 시민의식이 필요하다. 이러한 육류 소비의 감소는 목초지 축소로 삼림 면적의 확대에 기여할 뿐 아니라, 그 무엇보다도 소비자 개인의 건강에 큰 도움이 되기 때문이다.

도움글

곡물: 우리 인류가 이용하는 식량의 95%는 30여 가지의 식물종과 몇몇 종류의 동물로부터 얻어진다. 쌀, 보리, 밀, 감자, 고구마, 옥수수, 사탕수수, 수수, 귀리, 호밀 등을 포함한 24여 종은 인류 주식의 90%를 감당한다. 이는 8만여 종의 식용 가능한 식물종 가운데 극히 일부분에 해당한다. 이 가운데 곡물은 모두 화본과(禾本科, 포아풀과, Gramineae) 종류이다. 일상 식탁에 오르는 식량 에너지의 반 이상을 제공하는 것은 바로 이 곡물의 볍씨들이다. 인류는 곡물 농사를 지어서 밥과 빵의 재료로 곡물을 탈곡하기도 하고, 밀가루와 같이 분말을 만들어 이용하기도 하면서 여러 가지 방법으로 이용해 왔다. 가장 널리 이용되는 밀은 온대기후의 최대 곡물이다. 아시아인의 주식 벼는 아열대지역에서 연중 생산되는 곡물이다. 특히 벼 경작지 논은 사람이 만든 습지이지만 생물다양성이 높은 반자연생태계(nearly natural ecosystem)의 생물공간으로 주목받는다. 한편 옥수수는 남아메리카 및 아프리카의 주식이고, 보리는 맥주와 위스키를 만드는 주요 재료로 이용된다(그림 38).

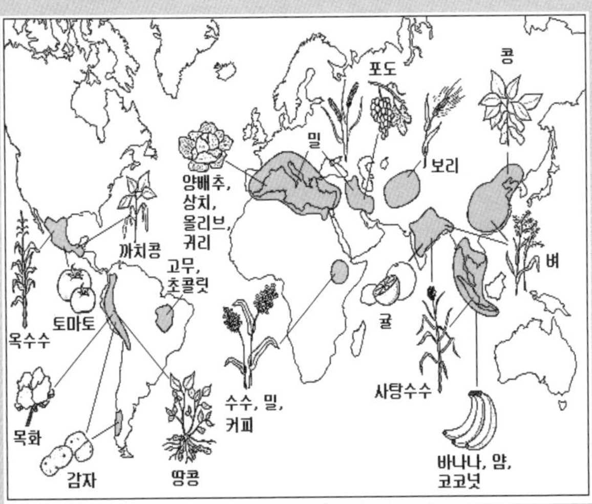

[그림 38] 세계 곡물의 유전적 다양성(Primack, 1996). 그림 속의 표시된 지역은 해당 곡물이 처음으로 인류에 의해 곡식으로 이용된 지역이다. 지금도 전통 경작법으로 재배한다. 전통 경작의 본질은 우량 종자의 선별법과 파종법에 있으며 지역의 기후와 풍토에 가장 적합한 곡물의 유전적 다양성을 확보하고 있다는 것에 있다.

2. 식량 문제

- 가장 단순한 건강과 영양 수준을 유지하는데 드는 비용은 우리가 먹는 한 끼 밥값 정도로 기아에 허덕이는 어린이 한 명의 생명을 구할 수 있다. 그럼에도 지구상에는 지금도 매년 1천5백만 어린이들이 굶주림으로 죽음을 맞이한다.
- 개발도상국의 수백만 어린이는 선진국의 애완용 동물 사료보다도 못한 음식물을 섭취하면서 하루를 연명한다.
- 경제선진국에서는 음식물 양의 1/4 정도를 슈퍼마켓과 냉장고에서 썩혀 버리거나 식사 후에 남겨서 그대로 버린다.
- 인류사회의 굶주림을 해결하기 위해서 나눔(share)의 정신이 절실하다.

지구상에는 매년 4천만에 가까운 사람들이 배고픔과 기아로 죽음을 맞이한다. 그 가운데 반은 어린이이다. 이 수치는 3백 명이 타는 점보여객기가 매일 한 대 씩 추락하는 것과 맞먹는다. 기아의 주된 원인은 인류를 먹여 살릴 만큼의 식량이 생산되지 못하기 때문은 아니다. 현재 생존하고 있는 지구 전체 인류의 수보다 15억 인을 더 먹여 살릴 수 있을 만큼 기초 식량은 충분하다. 문제는 식량을 필요로 하는 사람의 손에 충분한 식량이 도달하지 못하는 데에 있다. 반면에 부유한 선진산업국가에서는 과잉 공급으로 골머리를 앓고 있다. 쌀이 남아서 처치 곤란에 직면한 우리나라의 경우도 별반 다르지 않다. 오히려 과식으로 병을 앓고, 비만으로 고생하면서, 많은 음식물을 내버리며 낭비한다.

북미 사람들이 이용하는 음식의 1/4에 해당하는 양의 음식물이 슈퍼마켓과 냉장고에서 썩어가고 있고, 식사 후에 남겨서 그대로 버려진다. 개발도상국에서는 항상 충분한 식량을 확보하는 것이 국가적 과제이다. 못 사는 나라의 수백만 어린이는 산업선진국의 애완용 동물의 사료보다도 못한 음식물을 섭취하고 있다. 심한 배고픔을 경험하는 인구도 점점 증가하고 있다. 이것은 일인당 이용할 수 있는 식량이 이전보다 감소하면서 아프리카에서는 더욱 심각한 상황이다. 아시아에서나 중남미에서도 수백 수천만에 이르는 사람들이 이미 그들이 수확하고 먹어왔던 것보다 훨씬 적은 양을 섭취하고 있다.

굶주림은 물리적 고통이나 정신적 비통함 이상으로 사람을 고통에 빠뜨린다. 충분치 못한 영양 상태의 사람들은 노동이 어려울 뿐만 아니라, 쉽게 병에 걸리고 만다. 굶는 어린이는 정상적인 성장이 불가능하다. 기아와 빈곤은 항상 불가분의 관계에 있다. 비록 개발도상국이라 할지라도 그곳에 사는 부유한 사람은 가난한 사람들보다는 더 많이 더 좋은 음식을 먹는다. 물론 일부 개발도상국에서는 최소한의 식량을 배급하면서 최빈민층의 기아를 방지하는 노력을 하고 있지만, 결코 충분하지 않은 실정이다.

기아 문제의 해결은 그리 간단하지 않다. 모든 관계자나 해당 국제기구는 빈곤의 세계를 해결하기 위해서 확고한 의지와 노력이 필요하다는 것을 강조한다. 유니세프(UNICEF, United Nations Childeren's Fund)에 따르면 매년 아프리카, 아시아, 라틴아메리카 등지에서 죽어가는 1천 5백만 어린이들은 한 어린이를 위하여 겨우 우리가 먹는 한 끼 밥값만이라도 준비한다면 그 생명을 구할 수 있다고 한다. 설사를 해결하기 위한 설탕과 소금의 비용, 말하자면 어린이의 가장 기본적인 건강과 최저 영양 수준을 유지할 수 있는 비용이 5달러라는 것이다. 이 금액은 선진국 사람들이 지불하기에 결코 큰 비용이 아니다. 이는 2023년 국민 1인당 소득 약 3만 달러인 대한민국인에게 인류애의 윤리적 실천을 요구하는 지점이다.

Think globally Act locally

기아와 빈곤으로부터 탈출하기 위한 작은 실천

- 육류와 그 부산물(동물성 식품)을 적게 먹고 적게 쓰기: 곡식을 생산하는 한 마지기의 경작지는 소 방목지 한 개보다 12~30배의 사람들을 부양한다.

- 건강 유지를 위해 필요한 만큼만 먹기: 식료품에 붙어 있는 라벨은 하루의 영양분과 에너지 섭취량에 대한 상세한 정보를 제공한다.

- 건전한 농촌의 보전에 도움이 될 수 있는 공정거래에 의한 식품을 이용한다.

- 매년 10월 16일, 유엔식량기구(FAO)가 후원하는 '세계식량의 날'에 자발적으로 참여한다.

- 기아와 빈곤 타파를 위해 노력하는 시민단체에 자발적으로 참가하고 후원하기 위해서 한 달에 한 끼 정도를 절식한다.

3. 건전한 식탁 문화

- 오랜 기간 썩지 않고, 외형이 깨끗한 시장경제적 가치를 지닌 식품은 잘 팔린다.
- 그런 식품의 낮은 시장가격은 농약, 제초제, 호르몬제 등의 화학제재 잔량을 포함하는 원인이 된다.
- 농약을 살포하고, 식량을 수송하고, 신선도를 유지하기 위해서는 많은 연료를 사용하게 되면서 막대한 환경비용을 수반한다.
- 결국 세계화된 식량 자원보다는 지역 농산품의 선택이 훨씬 지혜로운 선택이다.

범세계적으로 최대 산업은 농사이다. 1950년에서 1990년 사이에 세계 인구는 두 배로 증가했다. 1940년대부터 과학자들은 식량혁명을 주도할 쌀, 보리, 밀 등 새로운 종자개발의 연구를 시작한 이래, 1960년대와 1970년대에 걸쳐 세계 각국은 이전에 비하여 세 배에 가까운 식량 증산을 달성하고 국가에 따라서는 자급자족의 식량을 확보하기에 이르렀다. 새롭게 개발한 곡물 품종은 대량의 농약과 비료, 경우에 따라서는 수자원의 인위적 관리를 통해서 최대 수확을 얻게 되었다. 우리나라를 포함한 일본, 서방 유럽, 뉴질랜드는 대표적으로 곡물 증산에 성공한 국가들이다. 그러나 이러한 형태의 식량혁명은 1980년대를 기점으로 증산의 한계를 드러냈다. 1984년 이후로 세계 인구 증가율보다 식량생산 증가율은 낮았다. 그것은 대부분의 화학 비료는 원유로부터 만들어지기 때문에 산지 원유 값에 의해서 비료 가격이 연동한 탓이었다. 또 다른 이유는 곡물증산을 위해 해마다 사용하는 화학 비료 및 농약의 양적 증가와 물을 끌어 대는 관개(灌漑)시설의 정비로 토지의 잠재력이 급격히 쇠퇴한 탓도 있었다. 비옥한 땅에 대한 기업형 농사와 부농(富農)에 의한 독점은 빈농과 부농의 빈부 격차를 점점 키웠고, 급기야는 원래 농사를 짓고 살았던 농부들마저 고향을 등졌다. 여기다가 **유전자 조작 농산물**의 대량 생산과 보급이 거들었다. 마침내 1990년대에는 이용가능한 인류의 식량이 1960년 중반보다 낮은 수준에 머물고 말았다. 결국 인류의 진정한 식량 혁명은 식량의 생산과 분배 방식에 관한 방향 전환을 통해서 성취될 수 밖에 없다는 사실을 말한다.

잘 사는 나라의 사람들은 전 세계로부터 수입되는 다양한 식품을 사먹는다. 그러나 이 식품이 안전하고 자연적인 것인가에 대해서는 한번쯤은 생각해봐야 한다. 상품 가치를 가지고서 슈퍼마켓에 공급되는 식품은 대체로 오랜 기간 썩지 않아야 한다. 외형은 깨끗해야 하고 어떤 표준화된 시장경제적 가치에 적합해야 한다. 뿐만 아니라 잘 팔리는 식품이 되기 위해서는 낮은 시장 가격을 계속 유지해야 한다. 그러므로 이런 시장가격에는 반드시 환경비용이 따를 수밖에 없다는 것이다. 값싸고 양질의 식량을 효율적으로 생산하기 위해서 농약, 제초제, 호르몬제 등의 화학제재를 다량으로 사용하고, 그런 화학제재의 잔량을 포함하고 있는 경작물을 수확할 수밖에 없다. 나아가서 그런 잔류 화학제재는 마침내 농촌생태계의 질적 쇠퇴를 초래하기도 한다(그림 39).

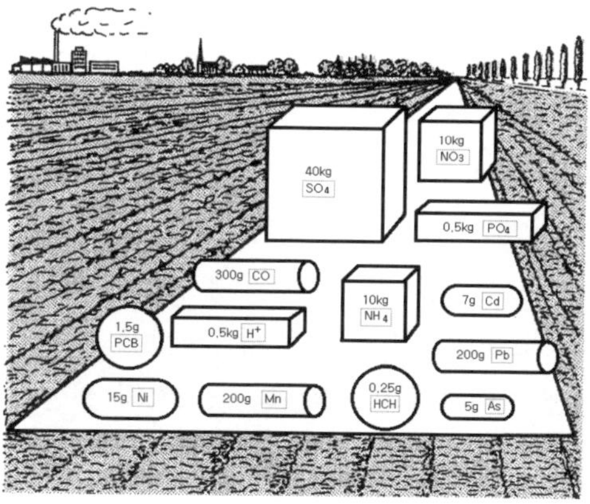

[그림 39] 농경지 단위면적(ha)에 축적되는 연평균 영양물질량(Heinrich *et* Hergt, 1994). 과다하게 사용된 비료 및 농약의 잔류체, 그리고 대기 오염으로부터 공급되는 각종 화학물질은 농경지 토양을 척박하게 하며, 토지의 생산성을 떨어트리고, 생물농축 현상의 원인이 된다.

또한 농약을 살포하고, 식량을 수송하고, 신선도를 유지하기 위해서 많은 연료를 사용한다. 골판지, 포장지, 플라스틱 등의 다양하고 엄청난 양의 포장재를 소비함으로써 또 다른 환경비용이 뒤따른다. 그러므로 세계화된 식량자원에 대한 가격을 생각해 보면, 차라리 지역적 농사가 더 유리하다는 것을 이해할 수 있다. 기업형 농사가 시장 경제 가격에 유리하겠지만, 소규모 영농의 농부들에게도 공정한 가격을 인정해 주어야 한다.

개발도상국에서 현금 농산물이라고 하는 차, 커피, 설탕 등은 가장 잘 사는 나라로 대부분 수출되지만, 현지 농부들은 빈곤에서 헤어나지 못하고 있다. 서방의 농부들은 자국 시장뿐만 아니라 외국 수출 시장을 공략하기 위해서 가능한 더욱 많은 수확을 올릴 수 있도록 정부의 지원을 받는다. 이것은 가끔 과잉생산으로 이어져 여러 가지 문제를 야기하기도 한다. 선진산업국의 잉여 농산물이 거꾸로 개발도상국에 헐한 가격으로 대량 공급되면서 현지 농부들은 오히려 농사에 든 비용보다도 낮은 가격으로 공급해야만 하는 일이 벌어진다. 거대한 자본과 기술을 지닌 몇 안 되는 다국적 국제영농회사는 오늘날 세계 식량 시장에 막대한 영향을 미치고 있는 것도 현실이다. 때문에 소규모 농사를 지으며 살아가는 현지 농부들은 더욱 심화된 어려움에 직면하고 있다.

하지만 조심스럽게 농사를 지으면서, 지역 농촌생태계를 보전하는 지속가능한 경작을 이어가는 착한 농부들도 여전히 많다. 오늘날 우리는 범세계적 시장경제 시대에 살지만 사고의 전환이 필요하다. 보다 많은 식량을 지역적으로 생산하도록, 보다 적은 양의 환경 폐기물이 배출되는 영농이 되도록 협력해야 한다. 소규모적인 농사나 개발도상국의 농사는 정당한 가격으로 충분히 보장해 주어야 하며, 정부와 소비자와 생산자는 지속가능성을 잃고 마는 환경 파괴를 방지할 수 있도록 지혜를 모아야 한다. 그 구체적 실천방안에는 여러 가지가 있을 수 있다. 유기농산물과 화학 제재가 포함되어 있지 않는 환경농산물과 공정거래 농산물 등은 그 사례가 될 것이다. 국가 사회는 이런 표식을 붙이는 농산품 제도를 도입하고 적용할 필요가 있다. 소비자는 비록 가격이 비쌀지라도 이런 농산품을 의도적으로 구매하는 실천이 필요하다. 비싸면 적은 양을 구입해서 아껴 먹는 지혜를 발휘함으로써 얼마든지 극복할 수 있다.

도움글

유전자 조작 농산물(GMO: genetically modified products) : 대량 생산을 위해서 몇 가지의 선택 작물만을 생산하는 단작 농법은 그 자체로써 이미 자연을 인위적으로 조작하는 행위이다. 그러한 농법은 살충제와 제초제를 엄청나게 살포해야 하고, 동시에 토양을 피폐화하고 생물다양성을 위협하는 결과를 낳는다. 제초제에 대하여 저항성을 갖는 작물을 심으면, 그 다음 단계에서는 손상되지 않은 작물을 수확하기 위해서 더 많은 제초제를 살포해야 하는 상황이 벌어진다. 그런 악순환은 주변 환경과 생태계를 더욱 심각하게 오염시키고, 주변에 서식하는 야생동물들은 독극물 중독에 노출될 수밖에 없다. 최근 생명공학기술의 진보로 새로운 종류의 질병 저항 작물을 만들어 낸다. 유전자 변이 작물(遺傳子 變異 作物)들은 바이러스, 박테리아, 동물, 식물들의 다른 유전자를 포함하고 있다. 예를 들어, 유전자 변이 토마토와 딸기는 서리에 저항할 수 있도록 북극 물고기로부터 추출한 반결빙(反結氷) 유전자를 포함하고 있다. 이런 기괴스럽고 초현실적인 조합은 극히 혼란스러운 생화학적 돌연변이를 일으킬 수 있고, 숙주의 유전적 기능에도 교란이 발생한다. 유전자 변이 작물들이 야생 들풀과 꽃가루받이(異花受粉)가 일어날 때, 그 작물의 유전적 특성들(항생물질에 저항하는 특성을 포함)이 넓은 범위로 확산되는 일이 벌어진다. 이것이 언젠가 새로운 돌연변이를 일으키고, 농경지는 인간의 무분별한 유전자 조작을 통해 생겨나는 슈퍼 잡초로 번성하게 될 것이다(미라퐁, 1998; 녹색평론, 1999). 문제는 이런 유전자 조작 농산물이 인체에 미치게 될 영향에 대해서 여전히 알려진 것이 별로 없다. 유전자 조작 농산물의 이런 불확실성이 해소되지 않았지만, 이미 시장경제는 이를 수용하고 있다. 어떻게 할 것인가!

Think globally Act locally

식량문제와 이로부터 발생되는 환경문제 저감을 위한 여섯 가지 작은 선택

- 보다 먼 거리에서 수송되어 온 식료품 대신 지역 농산물을 선택한다.

- 과일이나 채소는 가공된 것보다는 자연적인 것을 선택한다.

- 유전자 조작 농산물을 멀리하고, 친환경적인 식료품과 유기농산물을 선택한다.

- 동물사료로 이용되는 곡물량을 줄이기 위해 육류소비를 줄이는 식단을 선택한다.

- 정원, 자투리땅, 아파트 베란다에서 조금이라도 자신의 식량을 키워 본다.

- 유기농산물 또는 친환경농산물의 경우는 값이 다소 비싸더라도 적은 양으로 행복하게 즐기며 소비한다.

이 생각 저 생각

포식의 희열과 배고픔의 고통

사람 한 명이 하루 생활에 필요로 하는 기초에너지는 2,400 Kcal이지만, 생존을 위한 하루 최소 에너지는 1,500 Kcal에 지나지 않는다. 선진국 사람들은 하루 평균 3,200 Kcal를 섭취하고 있으며, 개발도상국의 사람들은 평균 2,200 Kcal를 섭취한다. 21세기에는 지구상에 5.9억 명 이상이 생존을 위한 최소 에너지를 섭취할 수 없을 정도로 이미 심각한 기아에 처해 있다. 편하게 먹는 햄버거 한 쪽과 디저트와 음료수 한잔은 1,500 Kcal를 초과한다. 그런데 낭비적인 과다 영양을 섭취하면서 한편으로는 다이어트를 하면서 돈과 시간을 기꺼이 소비하는 방식은 우리가 일상적으로 보는 광경이 되고 말았다. 자신을 포함한 타자를 사랑한다는 지혜의 동물이라는 인간의 진정한 인류애의 실천적 생활양식과 거리가 먼 대목이다. 선진국 사람들은 자신의 몸을 다이어트하기 위해 지불하는 금액이 빈곤 탈출을 위해 봉사하는 단체에 지불하는 비용에 적어도 네 배가 넘는다. 그러면서도 육류, 설탕, 소금, 동물성 식품, 수많은 인스턴트식품을 즐기면서 발생하는 비만과 이로부터 생기는 심장 질환과 당뇨병 등 각종 질병으로부터 고통을 겪는다. 결국 포식의 희열과 배고픔의 고통은 별반 다르지 않다는 것을 생각해 볼 필요가 있다. 그런데 굶주림도 포만도 모두 공공의료의 사회비용으로 지불해 줄 것을 요구하고 있다는 것이 문제이다. 공평한 세금의 사용이 행복한 사회를 만드는 근간임을 고려하면, 포만은 굶주림을 배려하고자 하는 지혜로운 생각과 실천을 통해 극복할 수 있다.

제5장

에너지

1. 인류의 에너지
2. 에너지 사용과 지구온난화
3. 환경독성물질의 확산

제5장

에너지

인류가 성장의 한계를 벗어나는 길은 사용 에너지의 획득 방식을 전환하는 것이다. 태양광선, 바람, 하천, 파도와 조수간만, 식물생장 따위의 생태적 흐름을 이용하는 재생 가능한 에너지원을 이용하기 위해 지혜를 모아야 한다. 에너지의 낭비적 사용에서 비롯하는 산성비, 지구온난화, 환경독성물질 등의 고질적인 환경교란은 인류의 성장 한계를 더욱 재촉한다.

생태계 및 환경 비용 최소화를 전제로 하여 건설된 풍력발전

1. 인류의 에너지

- 지난 100년 간 석탄, 석유, 천연가스와 같은 재생 불가능한 에너지를 소모하면서 현대 산업사회를 발전시켰다.
- 환경문제를 유발하는 이러한 재생 불가능한 에너지를 계속 사용할 수 있을지는 아무도 단언할 수 없다.
- 재생 불가능한 에너지의 공급 국가는 신재생 에너지의 개발이나 기술 진보를 지지하지 않는다!

태양은 인간을 포함한 지구 생명의 열쇠이다. 태양이 존재하지 않는다면 지구상의 생태계 얼개는커녕, 현대의 문명 이기도 불가능하다. 태양을 숭배했던 고대 인류나 로봇을 이용하는 현대 산업사회의 인류나 태양에 대한 그 본질에는 변함이 없다. 부싯돌과 땔감을 이용하여 끼니를 해결하는 원시 사회나 비행기를 타고 여행을 하는 현대 사회나 땅 속에 묻혀 있었던 변형된 **태양에너지**(생물 시체로부터 만들어진 석유, 석탄, 천연가스 등의 화석 연료)의 사용에도 여전히 변함이 없다.

하지만 원시사회와 달리, 오늘날 인류는 태양에너지를 올바르게 사용하지 않을 뿐만 아니라, 에너지를 낭비함으로써 에너지 위기에 직면할 가능성이 높아졌다. 북미 사람들은 방글라데시 사람의 약 280배의 에너지를 사용한다. 이렇게 산업선진국은 개발도상국에 비해 더욱 값싸게 엄청난 전기와 기름을 소비한다(그림 40). 일부 개발도상국에서는 수백만의 사람들이 밥 지을 땔감조차도 구할 수 없는 형편이다.

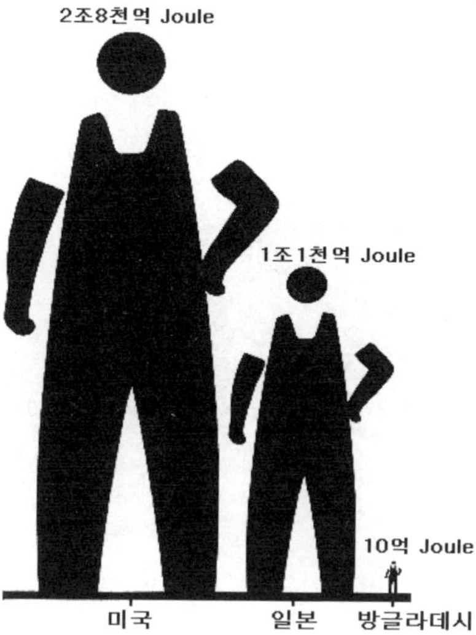

[그림 40] 국민 일인당 에너지소비의 비교(WRI *et al.* 1992). 방글라데시의 일인당 에너지 소비는 미국의 1/280, 일본의 1/110으로 매우 적은 에너지를 소비한다. 지속가능한 개발을 보장하기 위해서라도 에너지와 자연자원에 대한 산업선진국의 낭비적 소비 패턴을 바꾸어야 한다.

현대 문명은 석탄, 석유, 천연가스와 같은 재활용이 불가능한 화석연료 에너지의 사용과 소모의 속도가 너무 빠르다. 그런 화석연료가 만들어지는 생성 속도에 비하여 그 속도가 너무나 빠르다는 데에 문제가 심각하다. 더불어 그렇게 짧은 시간 동안 대량의 화석연료를 소비한다는 것은 지구온난화와 산성비와 같은 환경 교란을 연쇄적으로 일으킨다. 지구 환경의 수용 능력을 초과하는 수준이기에 궁극적으로 지구라는 삶의 터전의 질을 크게 떨어트리고, 결국 우리의 삶마저 위협하는 실정이다.

현재의 에너지 이용방식을 대체하여 태양광선, 바람, 하천, 파도와 조수간만, 식물생장 등의 자연적 흐름에 의한 재생가능한 에너지원을 사용하는 일대 변화가 필요하다. 인류가 사용해 온 에너지 역사가 가장 오래된 것은 재생가능하면서도 가장 환경친화적이라 할 수 있는 식물 찌꺼기와 동물 배설물이다. 이러한 재생가능한 에너지는 대부분 청정에너지이며, 아직까지도 개발도상국에서는 에너지 수요를 충족시켜 주는 주요 수단이다. 에너지원으로써 동물의 똥은 인류가 필요로 하는 에너지 요구량의 12%를 차지하고, 여전히 세계 인구의 반이 즐겨 이용할 정도이다.

소똥으로 지붕과 벽체를 덧씌운 케냐 마사이족 주택

수력발전 댐의 축조로 얻는 수력은 현재 인류의 에너지 요구량의 5%를 차지하고 있는 재생가능한 에너지원이다. 하지만 대형 댐은 오히려 수력을 얻는 것보다 더 큰 희생이 뒤따르기 때문에 21세기 생태선진국에서는 더 이상 건설하지 않는 추세이다. 수자원 확보가 필요하다면 현지 주민들의 생존권을 포함한 각종 피해와 토지 이용의 변경을 최소화할 수 있는 소규모 저수지 건설이 유리하다. SLOSS(Single Large Or Small Several) 즉 소형 저수지를 여러 개축조하는 것이 대형 댐 하나를 건설하는 것보다 비용 측면에서나 생태계에 미치는 영향에서 훨씬 더 환경친화적이고 지속가능한 토지 이용이란 것이다.

한편 미래의 청정 에너지원으로 원자력이 고려되지만, 핵발전소 건설에 드는 막대한 비용과 핵발전소의 안전성과 핵폐기물처리 문제 등으로 말미암아 원자력의 초기 희망은 크게 퇴색되었다. 지금까지 수많은 국가에서 핵 발전을 시도하였으나, **원자력** 에너지 정책을 추구해 오던 오스트리아, 네덜란드, 뉴질랜드, 독일 등의 선진국에서는 이미 그 정책 방향을 전환한 적이 있다. 심지어 스웨덴은 자국 내의 모든 핵발전소를 폐쇄할 계획을 발표하였다. 이런 추세는 2011년 3월 11일 일본 후쿠시마(福島) 원전 사고이후 더욱 강화하는 경향성을 보인다. 우리 사회는 여전히 핵발전과 그 기술개발에 적극적인 측면이 있고, 다른 한편에서는 심각하게 그 문제와 비윤리성을 제기하고 있다.

재생 불가능한 에너지원으로 대표적인 것은 석유, 석탄, 천연가스이다. 인류는 약 3백 년 전에 처음으로 석탄을 사용하였고, 가스와 석유는 겨우 2백 년 전부터 쓰기 시작했다. 그에 반해서 원자력과 지열과 조력의 이용은 극히 최근의 일이다. 현재까지 인류가 이용하고 있는 최대 에너지원은 여전히 석유이며 전체 에너지 요구량의 37%를 점유한다. 1970년대의 오일쇼크 이후에 석유 사용량은 다시 증가하기 시작했다. 새로운 석유광구의 발견이나 기존 석유 사용량의 감소가 이루어지지 않는다면 앞으로 약 45~50년 내에 또는 100년 내에 석유자원이 고갈될 것이라는 일부 경제학자들과 과학자들의 터무니없는 주장이 있다. 하지만 에너지 기술의 진보를 감안하지 않은 석유 매장량에 대한 단순 추정이었고, 경제적 이득을 지키려는 거대 정유회사가 기획한 인류를 상대로 한 기만인 것으로 밝혀졌다.

석유 다음으로 석탄은 인류의 사용 에너지 23%를 점유하고 있다. 현재 추세대로라면 향후 수백 년 간은 사용 가능한 양이 매장되어 있다. 석유나 천연가스에 비하여 대기를 오염시켜 **산성비**와 같은 산성 강하물이나 지구온난화에 대한 직간접적 주된 요인이 되는 큰 문제점을 안고 있다. 재생 불가능한 에너지원 가운데 청정 에너지원으로 분류되고 있는 천연가스는 인류 사용에너지의 18%를 차지하고 있으며, 1980년대 추세로 향후 60년간 사용할 수 있는 매장량이 확인되고 있으나, 21세기에 들어서 이용기술 및 채광 기술의 진보로 천연가스에 대한 더 많은 이용이 확대되고 있다.

그러나 석유, 석탄, 천연가스와 같은 재생 불가능한 에너지원 모두는 매우 한정적으로 존재하는 에어지원임에 분명하다. 자연적 생성 메커니

즘을 통한 에너지원의 매장과 인류가 사용하는 에너지 요구량 사이에 균형이 이루어지기란 쉽지 않다. 나무의 생장 속도 보다 땔감을 얻기 위한 벌목 속도가 빠르면 가까운 시일 내에 삼림은 사라질 수밖에 없듯이, 에너지 과소비형 산업에서 저소비형 산업으로 신속한 대응이 없다면 그런 재생 불가능한 에너지도 고갈될 수 있다. 이보다 더 심각한 문제는 사용 후 폐기물에 대한 온전한 처리 기술이 뒷받침 되지 않으면서 발생하는 각종 환경 문제이다. 이로부터 미래 산업사회는 성장의 한계를 맞을 수밖에 없는 것이다. 지금까지 즐겨 사용해 오던 이 화석연료를 계속 사용할 수 있게 될지는 그 누구도 단언할 수 없다. 중동 석유 산유국들의 국가 이기적 그런 매장 에너지원의 관리와 산업선진국의 이해는 복잡한 양상으로 얽혀 있기 때문에 인류의 미래는 불확실성에 노출되어 있다. 자본과 정치와 경영과 에너지원과 거기다가 종교집단의 이익까지 뒤얽히면서 세계는 점점 그 불확실성을 키워가고 있는 실정이다. 이런 불확실성을 근본적으로 해결하기 위해서는 인류의 지혜 즉 도덕적 윤리적 경제에 대한 굳건한 신념으로 나아가야 할 것이다.

도움글

태양에너지: 지구 대기권을 데우며, 바람을 불게하며, 대양의 해수를 흐르게 하는 원동력은 태양에너지이다. 이 태양에너지의 47%는 대기권을 따뜻하게 하는 데, 23%는 바닷물을 데워서 대기 중으로 수분을 증발을 시키고, 나중에 비를 내리게 하는 데에 소비된다. 식물이 생장할 수 있도록 연료로서 사용되는 태양에너지는 전체의 0.02%에 지나지 않는다. 화석연료라는 것은 일찍이 지구역사 속에서 식물의 광합성을 통해서 저장된 태양에너지를 응축하고 있는 것이다. 지표면에서 일어나고 있는 약간의 에너지 흐름은 조수간만에 영향을 주는 달의 힘과 지구 내부에서 공급되는 지열에너지에 의해 일어난다. 지구에 도달한 태양에너지는 최종적으로 모두 우주 공간으로 흩어진다. 무한한 태양에너지를 이용하는 기술 개발은 인류의 에너지 사용과 지구환경 보전에 결정적으로 기여할 수 있다. 이런 태양에너지를 이용할 수 있는 가장 적합한 곳은 온대 지역이며, 그 가운데 특히 우리나라는 태양에너지 이용에 유리한 중위도에 위치한다. 연중 태양 에너지를 이용할 수 있는 맑고 청명한 하늘을 볼 수 있는 날이 많기 때문이다. 이것은 하늘에서 내리 쬐는 볕을 가리기 위한 우리나라의 양산(陽傘) 문화가 증명한다. 중서부 및 북미 온대 지역에서는 청명한 하늘이면 사람들이 그늘로 숨어드는 것이 아니라, 잔디밭에 누워서 선팅을 즐긴다. 하지만 우리는 느티나무 그늘 막을 찾지 않으면 안 될 정도로 태양 볕이 강하다. 태양광선 에너지의 지리적 공간 분포에 양적 질적으로 분명한 차이가 있다는 사실을 말한다. 그렇다고 해서 숲을 제거하면서 태양광 설치를 시도하는 일은 아니다. 도덕적 경제와 동떨어진 일이기 때문이다.

산성비: 오염되지 않는 비의 수소 이온 농도지수 pH는 5.6 정도이나, 이 보다 낮은 농도의 비가 산성비(acid rain, 산성우)이다. 화력발전소나 산업 공장지대, 발전소, 자동차 배기가스 등에서 발생하는 대량의 질소산화물(NOx) 및 황산화물(SOx)이 대기 중의 수증기와 반응하여 황산이나 질산이 만들어져 빗속에 섞여 내리는 산성강하물이다. 산성비는 금속이나 광물도 녹이며, 식물, 토양, 강, 호수, 물고기 등, 수서생물의 서식에 치명적인 영향을 준다. 산성비가 오랫동안 내리면 토양이 산성화되고, 식물이 자라지 못한다. 농작물의 수확량이 줄어들고, 흙 속의 지렁이나 미생물마저도 사라지게 된다. 사람이 산성비를 맞으면 저항력이 약해지고, 피부가 빨리 노화하고, 심지어 피부암이 발생할 수 있다. 중남부 유럽의 산업국가에서 발생한 대기오염 물질로부터 생성된 산성비가 편서풍을 따라 북유럽 스칸디나비아반도로 이동해서 그곳의 여러 호수들을 황폐한 상태로 만든 사건은 유명하다. 물고기가 서식하지 않는 죽음의 호수로 변했던 것이다. 독일의 흑림(슈바르츠발트) 지대의 삼림은 산성비에 의해 광역적으로 파괴된 적이 있다.

21세기 기후변화 〈파리협약〉이 체결(2015년 12월)된 파리의 야경

2. 에너지 사용과 지구온난화

- 과학자들은 지구온난화의 최대 원인물질을 이산화탄소로 규정한다.
- 지구 역사를 통틀어 오늘날의 지구온난화는 가장 급진적으로 진행되고 있으며. 인해 지구 생태계에 엄청난 혼란이 초래되고 있다.
- 각 국가의 이산화탄소 배출량(화석연료를 이용한 산업활동)을 통제하는 기후변화협약의 이행방안으로 교토의정서를 대체한 2015년 파리협약이 체결되었다.
- 하지만 산업선진국과 개발도상국 간의 첨예한 이해 대립과 협약의 구속력 미비로 그 실천이행은 끊임없이 뒤로 미루어지고 있는 실정이다.

대기권에 존재하는 이산화탄소와 여러 가지 대기 가스는 지구 표면에 도달한 태양열을 잡고 그 확산을 막음으로써 지구를 데운다. 지구의 자연적 **온실효과**이다. 이런 자연적 온실효과는 생명부양계(life-support system)로써 지구를 존재하게 하였다. 무생물적 환경의 달처럼 차가운 물질 덩어리에서 생명의 공간으로 지구가 진화한 원동력이 그런 온실효과이다. 지구는 여러 번의 온난기와 한랭기를 반복하면서 45억 년 간 지구 환경의 균형 속에서 적절히 조절되어 왔다. 특히 지구의 자연적 온실효과에 의한 온난기는 항상 대기 중의 이산화탄소 증가 현상의 결과로부터 나타났다. 대기 중의 이산화탄소는 생물체와, 그 생물체를 통해서 토양 속으로 그리고 대양 속으로 녹아들고, 다시 생물에 의해서 대기로 확산되는 순환으로 균형을 이룬다(그림 41). 그 가운데에 생물체 집합으로서 삼림은 가장 중요한 역할을 한다(제3장 3절 참조).

화석연료에 의한 대기중의 이산화탄소 농도 기여는 1960년대 이전까지만 하더라도 지구 시스템 속에서 크게 벗어나지 않는 양으로 기여하였다(그림 42). 그러나 오늘날 대기 중의 이산화탄소 농도 증가는 그런 균형 잡힌 순환체계에 근본적인 변화를 야기하고 말았다. 대기 중에 기체 상태의 이산화탄소 농도가 크게 그것도 급격히 증가했던 것이다. 그래서 오늘날의 지구 온실효과는 자연적이라기보다는 인간 활동에 의한 매우 불안한 온실효과이고, 그로 인한 지구환경 변화에 심각한 문제가 발생하고 있는 것이다.

지난 250년 간 대기 중의 이산화탄소 양은 약 3배로 증가하였고, 지난 100년 간의 지구 대기온도는 매년 평균 0.5℃ 상승하였으며, 20세기 말에는 기록적인 지구 온난화를 경험하였다. 지구 본래의 온난화 현상은 항상 서서히 일어난 데에 비하여, 오늘날의 온난화 현상은 너무 급격히 일어난다는 데에 문제가 있다. 지역에 따라서는 100년간이란 짧은 기간 동안 2.5℃ 온도 상승을 기록하였다(그림 43).

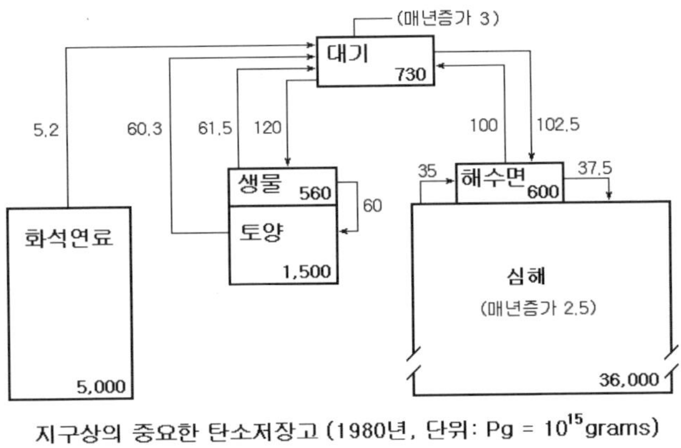

[그림 41] 지구의 탄소저장 구조와 순환(Houghton *et* Skole, 1990).

급격한 온도상승은 야생생물들의 생존과 우리의 삶에 큰 영향을 미친다. 대량의 생물종 절멸을 위협하고, 인간 활동에도 엄청난 변화와 문제점을 일으킨다. 이미 남북극의 빙하 면적의 감소는 해수면 상승으로 나타나고 있다. 해수면 40~50cm가 상승하면서 수백만 명이 거주하는 해안 저지대와 일부 섬이 서서히 물속으로 잠기면서 연안 산업기지와 거주지와 생태계 보호에 큰 피해가 발생하고 있다(그림 44). 또한 기후 불안정에 따른 태풍과 가뭄과 같은 기상이변과 그 피해 강도에서도 이미 매우 심각한 수준이다.

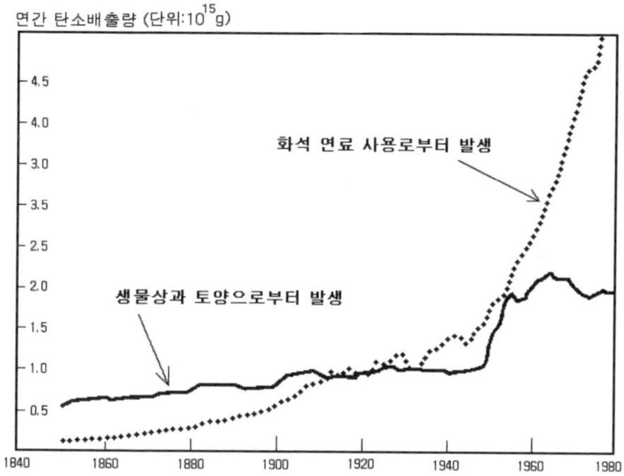

[그림 42] 이산화탄소 배출량의 증가(Houghton *et* Skole, 1990). 화석연료 사용에 의한 이산화탄소 배출량은 1960년대 이후로 급격히 증가하였다.

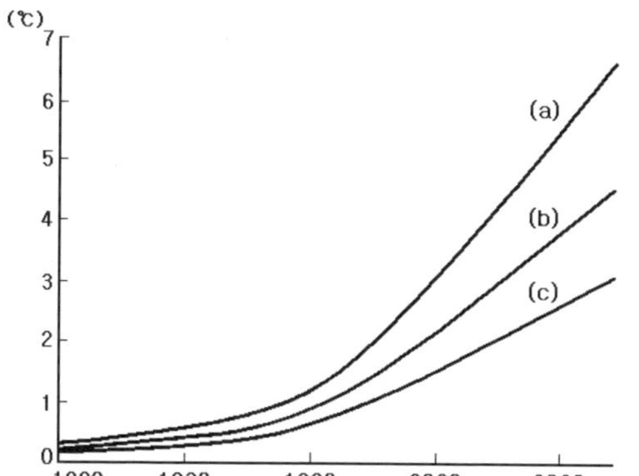

[그림 43] 1765년 이후의 온도상승(IPCC, 1990). 온실효과 가스의 규제가 이루어지지 않았을 때의 온도 상승의 최고 수준(a)과 최저 수준(b), 그리고 두 추정치에 의한 평균 온도 상승 곡선(c). 기후변화협약 전문가들은 2070년까지 지역에 따라 2.4~ 5.1℃ 범위로 상승할 것으로 추정하고 있다.

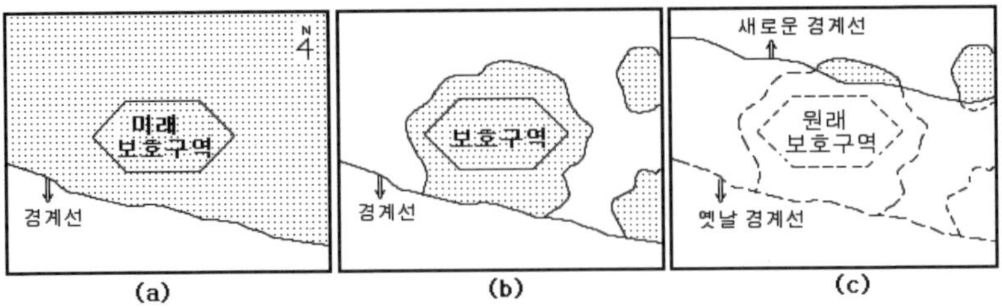

[그림 44] 지구온난화로 발생하는 지리 영역(생물분포 한계선, 해안선 등)의 변화(Peter, 1990). (a) 특정 생물종의 분포와 현재 설정되어 있는 보호구역의 범위에 대한 인간 정주(定住) 이전의 원래상황, (b) 인간 정주 이후의 상황, (c) 지구온난화 이후의 상황. 지도상의 경계선을 해안선으로 고려하면, 지구온난화로 해수면이 상승함으로써 보호구역의 대부분은 바다 속으로 들어가게 된다. 결국, 생물종의 서식처 면적이 축소하면서 절멸의 위험에 처한다. 여기서 보호구역을 해안선에 즐비한 산업공단시설로 바꾸어 생각해 보면, 지구온난화가 인류 사회에 미칠 사회경제적 악영향은 매우 심각하다.

우리나라와 같이 온대지역에서는 게릴라성 집중 폭우와 혹독한 가뭄 현상이 빈번하게 발생하고, 그 현상이 시공간적으로 너무도 극명하게 발생한다. 때문에 농사에 큰 어려움을 겪고 있다. 일부 온대 지역에서는 한번 파괴된 삼림 지역이 본래의 삼림으로 회복이 불가능하여 키 작은 덤불숲이나 사막과 같은 경관으로 변형되고 있다. 이로 말미암아 멸종 위협에 처하는 야생 동식물 종이 증가하고, 말라리아와 같은 열대성 질병과 위생 문제와 해충 따위가 널리 확산한다. 우리나라에서 연평균기온 1℃ 증가의 시나리오라면 현재의 한반도 녹색환경의 약 19% 정도가 변화할 것으로 추정되고 있다. 이것은 우리나라의 자연환경 및 생활환경에서도 그 수준으로 변화하게 된다는 것을 의미한다. 이미 대구 지역에서는 사과 농사를 지을 수 없을 정도로 지역 기후가 급변하고 말았다(그림 45).

기후변화에 대한 정부간 패널(IPCC; Intergovernmental Panel on Climate Change)은 '지구온난화의 최대 원인물질을 이산화탄소로 규정하고, 지구탄생 이래 오늘날처럼 급속히 진행되는 대기중의 이산화탄소량의 증가는 지구 생태계에 엄청난 혼란을 야기하게 될 것임'을 경고한 지 오래다. 유엔환경계획(UNEP)에서는 지구온난화 현상에 대응하기 위해서 기후변화협약(convention on climate change)을 만들었고,

기후변화 정부간 패널(IPCC)을 설치했다. 그러나 각 국가의 이산화탄소 배출량(화석연료를 이용한 산업활동)을 통제하게 되는 이 기후변화협약은 국가 간의 첨예한 이해 대립으로 말미암아 발전적 결과를 도출하지 못하고, 수차례의 협약 당사국 회의만을 반복해왔다. 그러다가 마침내 2015년 12월, 도쿄의정서를 대체할 파리협약이 체결되었다. 즉 모든 국가가 이산화탄소 배출을 통제하기로 하였다는 것이고, 이제는 각자 자기 나라에서 그 협약 정신에 부합하는 법제도를 정비하고, 의회 비준을 거쳐서 실행해 나가기로 한 것이다. 하지만 그런 협약을 받아들이는 각국의 상황과 입장에는 여전히 큰 차이가 있다. 특히 구속력이 부족한 국제 협약의 약점에서처럼 파리협약의 실질적인 실천도 담보할 수 없다는 그런 현실적인 한계는 여전하다. 이런 상황에서 엎친데 덮친 격으로 미국 트럼프 정부는 이런 기후변화협약에 비우호적인 최대 걸림돌로 등장하였다. 그런데 안타깝게도 2025년 벽두에 발생한 미국 서부 LA지역에서 발생한 대형 화재에 의한 재난사태는 지구기후변화로 말미암은 재앙이란 데에 모두가 동의하고 있다.

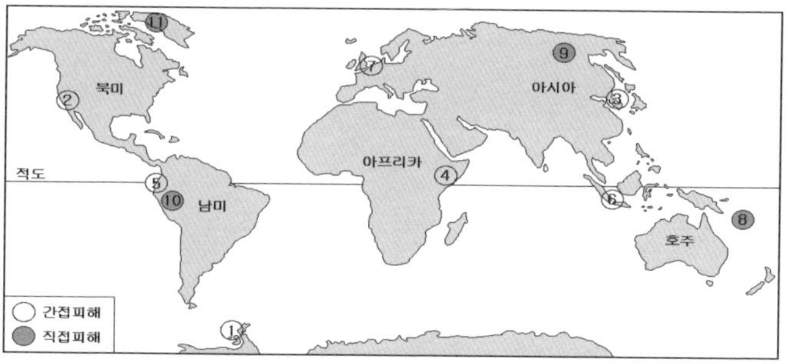

[그림 45] 20세기 말의 지구 기후변화의 조기경보지도(WWF 1999). 기후변화에 의한 환경 변화의 징후가 지구 곳곳에서 나타난다. 우리나라는 간접피해 지역으로 지목되고 있고, 대기 기단(氣團)의 불안정에서 연례적으로 발생하는 지역성 게릴라 호우가 한 사례일 것이다. ① 남극: 아델리 펭귄의 지난 25년간 33% 감소, ② 미국: 캘리포니아 산타바바라의 98년 2월의 사상 최대의 강우량 (55.22cm) 기록, ③ 한국: 수차례에 걸친 일일강수량 25cm 이상의 지역성 폭우 기록, ④ 케냐: 말라리아 비발생지역이었던 고원지역에서의 말라리아 발생으로 수백 명 사망, ⑤ 콜롬비아: 병원균 매개의 모기가 안데스산맥 고산지대(해발 2100m)에서 발견, ⑥ 인도네시아: 가뭄과 산불로 200만 에이커의 삼림 소실, ⑦ 영국: 95년에 65종의 조류(鳥類) 가운데 35%가 71년보다 평균 8.8일 먼저 알을 낳음, ⑧ 피지: 지난 90년간 매년 15cm 정도 해안선의 후퇴, ⑨ 러시아: 지난 100년간 코카서스산맥의 만년설의 50%가 사라짐, ⑩ 페루: 안데스산맥의 눈이 매년 30.5cm씩 후퇴, ⑪ 북극: 78~95년 사이에 얼음 바다의 6%가 사라짐.

도움글

온실효과(greenhouse effect) : 태양열(특히 열선인 적외선)은 지구 대기권을 통과하면서 구름과 지표면에서 일부 반사한다. 온실효과는 이러한 태양열(복사열)이 온실처럼 밀폐된 지구 대기권 내의 공간 속에 갇히게 됨으로써 공기가 데워지는 것을 말한다(그림 46). 지표면의 태양열은 온실효과에 기여하는 이산화탄소, 질소산화물, 메탄, 염화불화탄소(CFCs), 오존 등의 대기권 가스물질에 의해 잡힘으로써 대기 온도는 상승한다. 인류가 화석연료를 사용하기 시작한 이래로 대기권의 가스 구성은 크게 변화해 왔다. 화석연료의 연소는 대기 중으로 이산화탄소를 대량으로 방출, 확산하였고, 삼림을 벌채함으로써 이산화탄소의 저장 창고가 크게 감소했다. 다시 벌채된 목재는 땔감으로 연소됨으로써 대기 중에 이산화탄소의 양을 더욱 증가하게 된 것이다. 온실효과의 원인 물질은 주로 석탄채광, 천연가스 생산, 쓰레기 투기, 항공 운항, 자동차 운행, 냉장고 및 에어컨, 단열재, 포말 제품 등에서 발생한다.

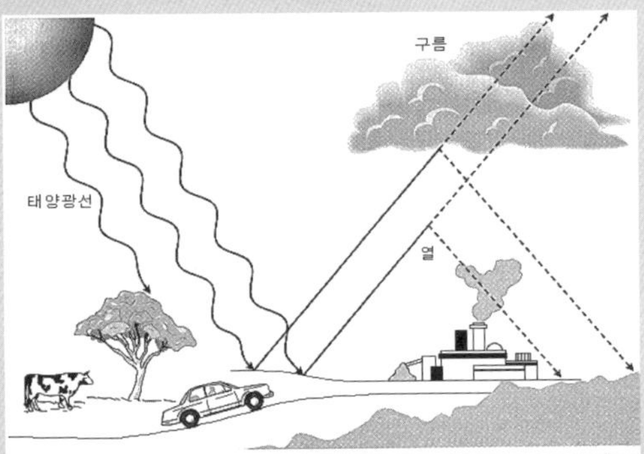

[그림 46] 온실효과 모형(Gates, 1993). 태양광선은 지표면에서 적외선(열선)으로 바뀌어 복사열이 된다. 대기권 온실가스(CO_2, 메탄, 질소산화물 등)는 지표면 가까이에서 이 복사열을 잡는다. 온실 가스와 수증기는 온실 유리 지붕과 같은 기능을 한다.

3. 환경독성물질의 확산

- 현대 산업은 에너지 사용과 획득을 위하여 다양한 환경독성물질을 대량으로 강과 바다와 토양에 내뱉는다.
- 한번 배출된 환경독성물질은 광역성, 시차성, 무차별성으로 지구 생태계 속에 널리 확산한다.
- 인체 내에 환경독성물질의 잔량체가 발견되고, 점점 더 많은 양이 축적되는 위험성은 커져만 간다.
- 환경호르몬에 의한 생체 내분비계의 교란은 환경독성물질에 의한 단지 하나의 미미한 사건일 뿐이다.

오늘날 인구가 밀집된 대도시 지역의 공기 속에는 미세먼지를 포함한 위험한 오염물질이 포함되어 있다. 화력발전소, 자동차, 가정에서 태우는 연료로부터 많은 미세 물질들이 공기 중으로 확산하기 때문이다(그림 47). 뿐만 아니라, 농촌에서 사용한 농약과 제초제는 하천과 바다를 오염시킨다. 이런 물질들은 국경을 넘어 이동하고, 인간에게 직간접적으로 위해하는 물질로 잔류한다. 산업 활동으로부터 발생하는 위험한 화학물질은 공기, 물, 음식에 독성을 더하고, 인체 건강과 야생동물의 생명을 위협한다. 선진산업국에서는 산업 발달 과정에서 이미 많은 환경독성물질이 대량으로 확산하였고, 개발도상국에서는 그런 선진 산업과 현대적 농법을 도입하려 애쓰고 있기 때문에 그런 오염문제가 점점 확대되고 있는 형국이다.

환경독성물질은 지하수와 토양을 오염시키는 것은 물론, 생태계의 먹이사슬로 들어와 **생물농축과정**을 통하여 생태적 위해성이 증폭되고 확산된다. 일반적으로 환경독성물질은 대부분 인간이 만든 물질인데, 자연계에는 저절로 존재하지 않는다. 한번 자연계에 노출되면 오랫동안 잔류하면서 안전하게 처리하기도 불가능한 것이 문제이다. 그런 환경독성물질은 사람의 몸속으로 들어오면 반드시 건강을 해치는 것이 특징이다.

[그림 47] 대도시 하늘을 뒤덮은 오염물질

지난 50년여 전보다 훨씬 많은 금속원소들이 지금 암의 원인물질들로 알려져 있다(그림 48). 건전지가 다량으로 포함하는 니켈과 같은 중금속은 신경계와 허파와 심장과 신장 등에 치명적인 해를 끼친다. 플라스틱 산업이나 전기산업에서 사용하는 인간이 만들어낸 PCB 화학물질은 살충제와 마찬가지로 암이나 혈액 질환이나 출산 결함을 야기할 가능성이 아주 높다. 플라스틱 소각이나 제지공장에서 많이 배출하는 다이옥신은 발암물질로 유명하다. 일회용 기저귀에서도 그 잔류 물질이 발견되기도 한다. 대부분의 산업선진국에 살고 있는 사람들은 이러한 환경독성물질을 몸속에 조금씩은 다 가지고 있다고 해도 과언이 아니다.

가늠할 수 없을 정도의 인명 피해와 질병을 야기한 가장 불행한 환경독성물질 사고를 들면, 1976년 이탈리아 세배소(Seveso)에서나 1984년 인도의 보팔(Bhopal)에서 발생한 화학공장 폭발, 1986년 소련의 체르노빌 핵발전소 화재와 2012년 일본 후쿠오카 핵발전소 폭발과 같은 직접적인 대재해일 것이다. 그 밖에도 폐쇄된 옛 쓰레기 매립장 위에 살아온 사람들의 높은 암 발생률과 출산 결함으로 야기된 1970년대~1980년대의 뉴욕주 러브커넬(Love Canal) 사건이 있다. 폐기된 쓰레기 속의 독성화학물질에 의한 토양과 물의 오염에 의한 것이었다. 지금도 산업선진국의 위험한 산업폐기물이 아무런 검증 없이 후진국으로 수출되어 무방비 상태로 관리되는 부분도 종종 뉴스를 통해서 접한다. 인근에 사는 빈민들이 치명적인 위험에 노출되고, 유아 사망의 심각한 문제를 일으키기도 한다. 개발도상국의 사람들이 환경독성물질에 노출될 위험성이 훨씬 더 높은 것은 선진산업국가에서는 법적 제도적으로 제한되는 위험한 산업시설까지도 옮겨갈 수 있도록 하는 법제도 때문일 것이다. 과거 해충 구제에 널리 사용되었던 DDT는 선진산업국에서의 생산과 사용을 금지하고 있다. 하지만 아직도 일부 개발도상국에서는 여전히 생산해 쓰고 있는 실정이다.

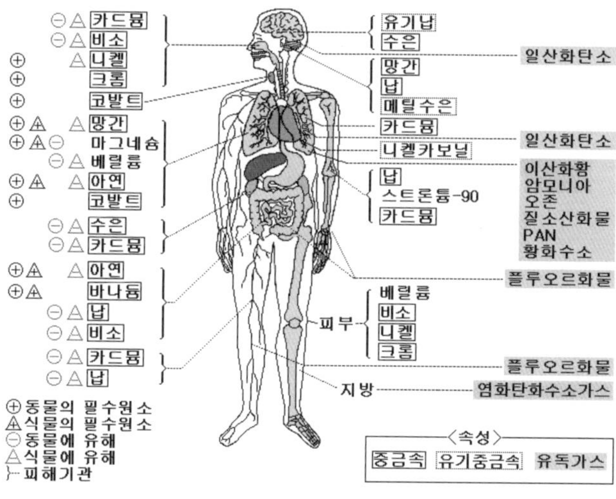

[그림 48] 인체에 미치는 유해 중금속(Heinrich *et* Hergt, 1996).

해충 구제를 위한 농약(살충제)의 살포는 아무런 환경적 위생적 고려 없이 농촌에서 일상처럼 지금도 사용하고 있다. 살충제는 내성이 없는 해충을 구제(驅除) 하는데 효력이 있지만, 점점 내성을 가진 해충의 개체들이 살아남게 됨으로써 점점 더 강한 살충제를 쓰게 된다. 이 같은 살충제의 독성 증가는 처음에는 작은 미세 생물들을 함께 죽이는 정도에서

후에는 경작에 도움에 되는 익충이나 작은 동물이나 새들마저도 중독을 일으켜 죽여 버리는 결과를 낳는다. 마침내 농약을 살포했던 농부의 건강과 생명마저도 위협한다. 개발도상국에서는 일 년에 2백만의 인구가 이 살충제에 의하여 구토와 설사, 혼수와 혼미, 뇌 손상과 같은 건강 피해를 호소하고, 심지어는 사망의 피해가 빈번하게 발생한다. 농부들이 안전한 피복도 갖추지 않고서 농약을 살포하기 때문이다. 거기다가 농약 봉지나 병에 쓰인 농약살포 지침과 여러 가지 안내 문구의 어려운 용어와 외국어 때문에 그 위험성을 충분히 인지하지 못하는 탓도 있다. 농약 잔류체는 종종 수확한 농작물 속에서도 발견되는데 농촌으로부터 멀리 떨어져 사는 도시인들도 그런 환경독성물질을 체내에 섭취하는 일이 벌어진다.

도움글

생물농축과정(biological concentration) : 환경독성물질은 생태계 먹이사슬을 통하여 생물체 몸속에 축적된다. 최종적으로 먹이사슬의 높은 수준에 위치하는 생물체 몸속에 높은 농도로 저장되면서 치명적인 영향을 입힌다. 예를 들어, 오염된 강물 속의 환경독성물질은 물고기와 각종 수서곤충들에 의하여 섭취된다. 이 물고기와 수서곤충들은 다음 먹이사슬 단계의 대형 물고기나 물새나 소형 동물들의 포식자에게 잡아먹히고, 마침내 먹이사슬의 최고차(最高次) 수준의 생물종에 의하여 포식된다. 인간은 이러한 먹이사슬의 어떤 부분에 위치하는 생물체를 먹게 됨으로써 환경독성물질이 체내로 들어오는 것이다. 만일 먹이사슬 수준이 보다 높은 오염된 물고기를 먹었다면 다량의 환경독성물질을 체내에 흡수하는 것은 당연하다. 일반적으로 흡수된 환경독성물질은 생물체의 저장에너지 형태의 하나로 체내 지방 속에 축적된다. 따라서 먹이사슬에서 높은 수준에 위치하는 생물종일수록 환경독성물질의 생물농축현상은 크게 증폭하는 법이다. 일본 도야마현의 이따이이따이병(1968년)과 구마모토현의 미나마따병(1953년)은 중금속 수은과 카드늄의 생물농축현상으로부터 일어난 대표적인 생물농축 환경사건이다.

중금속 카드늄 오염으로 발생한 미나마따병(1953년) 추념 조형공원(일본)

Think globally Act locally

환경독성물질의 확산을 줄이기 위한 작은 실천

- 폴리에스테르 옷감 대신 면 소재로 된 옷감을 이용하는 것처럼 가정에서 인공 화학물질 재료로 생산된 상품 대신에 자연 재료로 만들어진 상품 사용에 관심을 가지자.

- 일회용 건전지 사용을 줄이고 재충전 가능한 건전지를 구입하고, 사용하자.

- 무공해, 저공해 식품을 소비하고, 유기농산물를 이용하자.

- 재활용, 재생산 상품을 사용하고, 재활용을 위하여 4R(Reuse, Recycle, Repair, Refill)의 생활화와 아이디어를 교환하자.

- 과대 포장 상품을 구입하지 말고, 비닐봉지, 플라스틱 박스 등을 오랫동안 재사용하자.

- 폐기물 무단 투기와 다량의 미세먼지를 양산하는 소각 행위를 관계 당국에 신고하다.

- 폐가구, 폐차 등은 허가받은 재활용 전문 회사에 보내 처리하자.

- 정해진 장소에서 흡연을 하며, 자신과 타인의 건강을 위해 금연한다.

이 생각 저 생각

체르노빌 핵발전소와 후쿠오카 핵발전소의 교훈

지금으로부터 약 4, 50년 전만 해도 많은 사람들은 핵 발전을 우리 인류가 필요로 하는 에너지의 대부분을 공급할 중요한 에너지원으로 고려하였다. 화력발전소와는 달리 대기 오염도 없고, 값싸고, 청정하며, 안전한 에너지원으로 평가했기 때문이다. 1990년대에 이르기까지 전 세계 27개국에서 약 400여 개의 핵발전소를 가동했고, 인류 전체 전기 요구량의 1/5을 감당하였다. 하지만 지금은 핵에너지를 저비용으로 생산되는 그것도 문제가 전혀 없고 안전한 클린 에너지원으로 인식하는 사람은 많지 않다. 자신의 마을에 핵발전소나 핵폐기물 저장소를 짓는 것에 동의하는 사람도 거의 없다. 단 한 번의 사고로도 치명적인 피해를 입기 때문이고, 그 안전성을 아무도 확신할 수 없기 때문이다. 1986년 구소련의 체르노빌 핵발전소 화재 사고로 인한 그 공포가 채 가시기도 전에 2011년 일본 동북지방 후쿠오카 핵발전소가 폭발했기 때문이다. 체르노빌의 사건으로 수천 명의 인명을 앗아가고, 지금도 그 피해는 계속되고 있으며, 어마어마한 면적의 토지는 불모지가 되었다. 지금도 동유럽의 많은 핵발전소는 노후화에 따른 수리가 신속히 이루어지지 않는다면, 제2, 제3의 체르노빌 사고가 발생할 가능성이 매우 높다. 약 50여 년이라는 약간의 긴 안목으로 에너지 확보 문제를 살펴보더라도 핵발전소는 결코 인류의 지속가능한 에너지 확보 전략일 수가 없다는 것을 이해할 수 있다. 영국의 캠브리아(Cumbria)라는 곳에는 아름다운 해변이 있다. 그곳의 해변 경관은 아름답고 물도 깨끗하지만, 아무도 해수욕을 하지 않는다. 눈에 보이는 것은 청명하고 아름답기만 하고 어떤 위험도 존재하지 않아 보이지만, 그곳에서 자녀들이 캠핑하는 것을 원하는 부모는 아무도 없다. 이 해변 가까이에 셀라필드(Shellafield) 원자력발전소가 위치하고 있기 때문이다. 그럼에도 일부 정책 결정자들은 대량의 전기에너지를 획득하기 위하여 핵발전소를 건설해야 한다는 주장을 계속한다. 그 이유가 무엇일까?

우리나라에서도 이러한 핵정책을 두고 정부와 의식있는 시민사회가 대립하고 있다. 경상북도 영덕에서는 신규 원자력발전소 건설 문제로 자발적인 주민찬반 투표가 2015년에 실시된 바 있다. 투표 참여자의 91.7%가 반대하는 것으로 나타났다. 저조한 투표율이 문제였다지만, 일반적인 여론조사에서 핵발전소 유치를 반대하는 의견이 늘 60%를 상회한다. 우리 동해 바다 건너 일본 후쿠오카핵발전소 폭발사고로 이미 큰 교훈을 얻었다. 지금부터라도 장기적 비젼속에서 에너지정책의 전면 재고가 필요한 시점이다.

제6장

물

1. 인류와 맹물
2. 흐르는 물터, 강
3. 우리나라 강 문제

제6장

물

수세식 변소에서 한 번에 흘러 보내는 고도정화 처리된 수돗물 약 5리터는 개발도상국 한 사람이 하루 종일 사용하는 물의 양과 같다. 한편으로 캐나다 인구의 40배가 모여 사는 중국은 캐나다와 비슷한 양의 연간 강수량을 가지고 살아간다. 결국 물 소비방식과 지구상의 수자원과 인구 편중분포는 인류의 물 문제를 일으키는 최대의 원인이다. 고통과 죽음에 이르는 가장 무서운 저주가 목마름이기에 지구 곳곳의 물기근만은 반드시 막아야 한다.

모든 것을 살리는 생명수
(청정한 계곡에서만 사는 울릉도의 고추냉이(일명 와사비))

1. 인류와 맹물

- 지구상에 일 년 동안 내리는 비와 눈의 양은 모든 대륙을 80cm 깊이의 얕은 호수로 덮을 수 있다.
- 이것은 지구상 생명체의 생장과 번영에 직접 영향을 주는 지구 전체 물 가운데 겨우 0.77%를 차지하는 제한된 수자원으로 맹물 공급원이다.

모든 생명체는 절대적으로 물에 의존한다. 갈대군락은 내륙에서 발생되는 더러운 물을 걸러서 바다로 내 보내는 여과장의 역할을 하는데, 이것은 식물의 생태와 수계(水系)가 불가분의 상호관계에 있음을 보여준다. 물은 우리가 인지하는 지식의 범위에서 지구라는 혹성에만 유일하게 존재한다. 지구는 그 면적의 약 71%가 물로 된 물터이고, 소금물인 바다의 해양생태계와 호수, 늪, 하천, 도랑 등의 민물(淡水)생태계로 이루어져 있다. 이런 물터에 담긴 물은 약 14억km^{3}로 그 가운데 겨우 2.5%만이 민물(fresh water)이고, 나머지 대부분은 짠물이다. 다시 민물 가운데 70%(약 2,436만 km^3)는 빙하, 눈, 얼음 등 결정체 상태로 존재한다. 이것이 녹으면 바다 수면이 66m까지 상승하게 되는 어마어마한 양이다. 결정상태의 물(얼음과 눈)을 제외한 순수한 민물의 양은 1천만 km^{3}로 지구 전체 물 가운데 겨우 0.77%에 지나지 않는다.

카슨은 『침묵의 봄』(Carson 1962; Silent Spring)에서 다음과 같이 물 문제를 이야기했다. "바다에는 전부 소금기인 짠물로 가득한데, 우리 인간은 한 방울의 담수 (맹물) 없이는 살아갈 수 없으며, 목마름은 죽음의 고통 가운데에서 으뜸이다." 고르지 못한 수자원의 분포로 발생하는 물 기근과 함께 인류 문화의 다양성으로부터 발생하는 물 문제를 경고하는 대목이다. 캐나다와 중국은 비슷한 양의 연간 강수량이지만, 중국 인구는 캐나다의 40배에 이른다. 또한 산업선진국에서 사용하는 물의 양은 개발도상국보다 무려 50배나 된다. 이것을 한 개인 수준으로 비교하면, 산업선진국 시민 한 사람이 사용하는 하루 평균 물의 양은 약 300리터이나, 인도의 시골마을에 사는 한 사람의 사용양은 약 30리터에 지나지 않는다. 뿐만 아니라 우리가 사용하는 수세식 변소에서 한 번 흘러 보내는 고도로 정수된 수돗물 약 5리터는 아프리카 한 사람이 하루 종일 사용하는 물의 양과도 맞먹는다. 결국 인구와 물의 관계는 지역에 따라 매우 편중되어 고르지 못하다는 것이다. 이러한 물 편중분포 현상은 개발도상국에 사는 사람들에게 위생과 **수인성 질병**의 문제를 낳고, 산업과 농경에서도 심각한 어려움을 낳는다.

전세계적으로 산업사회의 발달과 도시의 현대 문명 생활은 물 수요를 크게 증가시킨다. 종이와 플라스틱을 생산하는 산업 공정에서는 대량의 물을 소비한다. 폐수를 정화해서 물을 재활용한다고 해도 정화를 위한 비용은 막대하다. 특히 마실 물을 만들기 위해서는 고도정수처리를 해야 하지만, 그 비용은 더욱 막대하다. 또한 수백 수천 년이 걸려 저장된 지하수를 현대 기술로 대규모 개발과 단기간에 이용하는 물 소비 행태는 지하수 자원을 고갈시키고 있는 실정이다. 그럼에도 고도정수 처리한 수돗물을 수세식 변소에 그리고 자동차 세차에 그냥 그렇게 사용하는 식의 오늘날 물 소비 행태는 변화될 기미가 보이질 않는다. 실제로 지구상의 수자원 편중 분포와 함께 인류의 물 문제를 해결하는 최대 걸림돌은 시민사회 의식인 셈이다.

지구 표면에 물이 흐르는 곳을 강이라 하며 육상생태계의 대동맥 또는 젖줄이라 한다. 매년 4만km^3의 물이 강과 호수로 흘러들고, 이 가운데 2/3는 인류가 사용하기도 전에 땅 속으로 스며든다. 일 년에 지구상에 내리는 비와 눈의 양은 11만km^3로 지구의 모든 대륙을 80cm 깊이의 얕은 호수로 덮을 수 있을 정도이다. 이것은 지구상의 모든 생명체와 함께 인류가 함께 마시며 살아갈 수 있는 충분한 양이다. 이는 지구상 모든 생명체의 생장과 번영에 직접적 영향을 주는 물이기도 하다(그림 49).

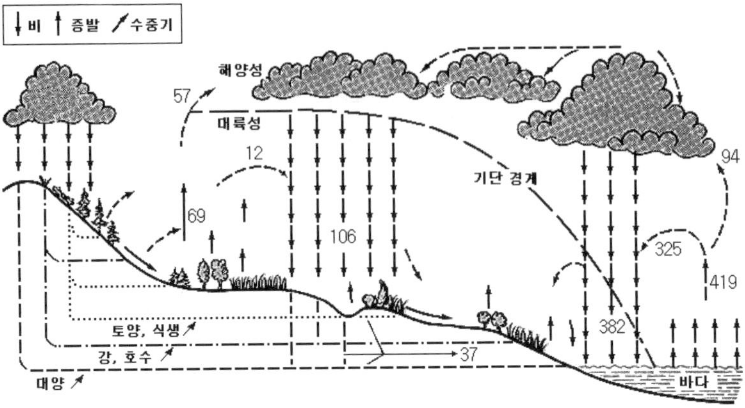

[그림 49] 지구 물순환(단위: $10^3 km^3$/년)(Heinrich *et* Hergt, 1994). 육지에 내리는 빗물은 우리가 사용가능한 중요한 수자원이고, 강줄기를 따라 바다로 흘러든다. 대양에서 증발한 수증기 구름이 냉각되어서 대지를 적시는 비가 내린다. 이 순환 과정에 육지에서 가장 중요한 물 이동통로는 강이다. 강을 인위적으로 조절한다는 것은 사람들의 토지 이용뿐만 아니라 육지에 사는 모든 생물들에게 영향을 미치기 때문에 신중해야 한다.

도움글

수인성 질병: 비위생적인 물은 질병을 발생시키고 퍼뜨리는 주된 요인이다. 더러운 물은 말라리아, 콜레라, 나병, 간염, 황열병 등등 여러 전염병을 옮기는 숙주생물에 의해서 죽음에 이르는 병을 일으킨다. 이런 수인성 질병은 개발도상국의 질병 80%를 차지한다. 후진국형 질병이라 부르는 이유다. 전 세계를 통틀어 매년 1천5백 명의 어린이를 포함한 약 2천5백만 명이 이 수인성 질병으로 죽어간다. 설사와 구토는 산업선진국에서는 죽음에 이르는 질병이 아니다. 하지만 개발도상국에서는 어린이를 죽게 하는 대표적인 질병이다. 잘 사는 나라와 못 사는 나라 사이에 이렇게 수인성 질병의 피해가 뚜렷하게 다르다. 물론 도시지역보다는 수도 시설이 불량한 농촌 지역에서 그런 양상은 더욱 심각하다. 이런 질병과 낙후된 수도 시설은 개발도상국과 빈곤층을 더욱 가난하게 하는 결정적인 원인이다. 인도에서는 이러한 수인성 질병으로 근로자들의 노동 가능한 시간 가운데 7천3백만 일(日)을 잃게 된다는 통계가 있다. 그 병을 치료하기 위해 막대한 의료비를 지출해야 하는 것은 물론, 약 10억 달러에 달하는 상품생산에 막대한 경제적 손실이 발생하는 형국이다. 더욱이 빈곤층과 개발도상국의 사람들은 그런 열악한 환경으로 늘 어린 자녀가 사망할 수도 있다는 공포가 있다. 그래서 그들의 잠재의식 속에는 늘 많은 자식을 가지려는 성향이 있다. 그런데 그런 다산(多産)은 그들을 더욱 빈곤하게 할 것이다. 여성에게는 다산에 따른 직접적인 건강 위협은 물론, 사회적 노동 압력이 크게 증가하게 된다. 물론 모든 자식이 성공적으로 성장한다 할지라도, 그것은 지역 인구의 폭발적 증가로 이어지는 결과를 낳는다. 결국 그들은 빈곤으로부터 벗어날 수 없을 지경에 빠질 수밖에 없다. 따라서 개발도상국이나 낙후된 농촌 지역에서 온전한 수도시설은 매우 중요한 우선 과제이다. 수인성질병에 노출된 지역에서는 지역민의 건강복지시설에 대한 척도로 종합병원의 침대 수로 가늠하는 것보다 그 지역의 온전한 수도꼭지 수로 가늠하는 것이 바람직하다.

Think globally Act locally

수돗물 사용과 수질 오염 방지를 위한 작은 실천

우리는 마시고, 요리하고, 목욕을 하고, 세탁을 하며, 심지어 세차를 하는 일까지 모두 수돗물에 의존한다. 또한 고도 정수 처리된 물을 그대로 마시기도 하고, 그 수돗물을 필터 달린 정수기로 또 다시 정수하여 마시기도 한다. 그런 생활양식이 정당할 수도 있으나, 일부 못 사는 나라에서는 선진국의 수세식 변소에 흐르는 물 보다 훨씬 더러운 물로 밥 짓고, 마시고, 목욕한다. 뿐만 아니라 한 번에 흘려보내는 수세식 변소의 물은 개발도상국 사람의 하루 동안 소비하는 물의 양과 같다. 그런데도 그렇게 값비싼 고도 정수 처리한 수돗물로 수세식 변소에 흘려보낸다. 오늘날의 이런 물이용 시스템을 두고 훌륭한 수돗물 정책이라고 말할 수는 없을 것 같다. 따라서 우리는 다음과 같은 수돗물 사용과 오염 배출을 줄이기 위한 작은 실천을 행동으로 옮겨야 한다.

- 정책 결정자는 중수시스템과 같은 수돗물 재활용 시스템을 적극적으로 개발하고, 수도관의 건전한 유지 정책을 수반한다.
- 물을 적게 쓰는 공산품(세탁기, 식기세척기, 소대변 구별 수세식 장치기, 절수 장치부착 수도꼭지 등)을 구입하여 사용한다.
- 천연세재를 사용하고, 합성세재 사용량을 최저로 한다.
- 세차를 자주 하지 않으며, 정원과 마당 청소에는 허드렛물을 사용한다.
- 물에 대한 지혜로운 사용을 추구하고, 지역의 물 사용 시스템에 관심을 가진다.
- 쓰고 남은 각종 화학물질을 적절히 분리수거하여 보관한다.
- 농가에서 비료나 농약사용을 줄인다.
- 공사장의 토사유실을 막기 위한 시설을 설치하고 준수한다.
- 주유소, 자동차 정비업소 등에서 기름, 폐유, 부동액 등을 바닥에 유출시키지 않는다.
- 오수 및 폐수 배출구를 감시하고 신고한다.
- 수자원에 관련된 환경단체에 참가하거나 협력한다.

2. 흐르는 물터, 강

- 강은 물이 흐르는 공간이고, 호소는 물이 고이는 공간이다.
- 흐르는 유수역(流水域) 생태계는 고인 정수역(停水域) 생태계와 근본적으로 다르다.
- 우리나라 강은 물흐름이 통제되는 조절강이 많다.
- 4대강 보는 강 생태계뿐만 아니라 한반도 자연생태계의 심각한 변형을 초래하는 구조물이다.

물터는 물기 있는 땅을 가리킨다. 한자로 습지(濕地)인데, 땅속 "토양 알갱이 틈에 물 분자가 포화된 상태"의 땅으로 정의한다. 그런 물터 가운데 물이 흐르는 곳이 강과 하천이고, 물이 고인 늪이나 연못 같은 곳은 호소(湖沼)이다. 물이 흐르는지, 고여 있는지에 따라 그 속에서 일어나는 복잡한 생태 현상과 생물들이 크게 다르기 때문에 전혀 다른 서식처로서 구분한다. 피라미 종류는 흐르는 강 하천에 사는 물고기라면 붕어는 저수지 같이 고인 물터에 사는 물고기이다.

물은 흘러야 한다!

강은 사람의 혈관에 비유되는 생태계이다. 상류로부터 하류로 늘 한 방향으로 흐르면서 영양분과 산소를 운반하고, 시원(cooling)하게 해주며, 오염물질을 부분적으로 분해하면서 흘려보낸다. 강은 크고 작은 하천이 모여 큰 물줄기를 이룬다. 강 속에는 여울(riffle)과 웅덩이(pool)가 번갈아 발달하고, 침식과 퇴적이 반복되면서 물골과 제방이 만들어진다. 흐르는 강물이 늘어나고 줄어드는 정도에 따라 여러 단계의 식물사회가 생기고 사라지는 것을 거듭하면서 온갖 식물과 동물들이 사는 서식처가 된다. 이런 측면에서 우리나라 강은 물흐름이 통제되는 상당한 수준의 **조절강**의 상태이다. 마침내 강의 본질이라 할 수 있는 물흐름 자체를 막아버리는 **4대강 보 사업**은 우리나라 강의 자연성을 근본적으로 변질시키는 치명적인 인간간섭으로 정의된다.

강은 최상류 산악지역에서 시작한다. 이른바 수원지(水原地)라는 곳이다. 하천수가 출발하는 곳으로 깊은 산중 좁은 계곡에 위치한다. 수온이 낮고 용존 산소를 듬뿍 품은 상쾌한 물을 제공한다. 이곳에는 계절과 지형·지세에 따라 연중 아주 불규칙적으로 물이 흐른다. 이른 봄 눈 녹은 물과 여름의 집중강우의 영향이 가장 먼저 심하게 받는 입지이다. 수원 지역의 자연 파괴는 아래의 상류 중류 하류로 이어지는 하천수계에 연속적으로 교란 영향을 미친다. 방글라데시의 연례적인 수해는 히말라야 북부 수원지에서의 무차별 화전이 주요한 원인인 것도 그 때문이다. 수원지의 삼림은 물길 속에 입수량(入水量)을 고르게 들어오도록 완충하는 역할이 큰데, 그런 삼림의 벌채나 훼손으로 자그마한 소나기에도 물 유출이 급작스럽게 일어나고, 토양 침식도 심하게 발생한다.

상류는 무슨 계곡(골)이라 일컫는 지역이다. 빠른 유속으로 토양과 모암(母岩)의 침식과 운반이 활발하게 일어난다. 상류 지역에서 자연식생을 파괴하는 것은 곧 암석과 토양의 침식을 가속화하고, 산지(山地) 토심을 더욱 얕게 한다. 조그마한 집중 강우에도 황토색 물이 흐르는 중국의 황하 강은 황하문명 이래 지금까지 지속적으로 저질러온 상류 유역의 삼림파괴에서 비롯된다. 우리나라 산지 국립공원은 대부분 4 대강의 상류 지역을 점유하는 위치에 있기 때문에 국가 하천 관리 측면에서도 중요하다.

중류지역은 폭이 3~10m 정도의 소규모 하천이 우세하고, 주로 버드나무 종류가 흔하게 산다. 물매(傾斜)의 감소로 유속은 상류보다 훨씬 느리고, 퇴적 작용도 나타나는데, 침식과 퇴적의 정도가 거의 비슷하다. 이 지역에서 인공댐이 축조되어 있지만, 그 상부로부터 공급되는 침식토양이 활발히 퇴적된다. 때문에 댐 건설의 원래 목적인 수자원 확보가 바닥(河床)의 상승으로 점점 취약해진다. 뿐만 아니라 댐 하부의 하천 구역에서도 하상이 점점 높아져서 빈번하게 준설해야 하는 일도 벌어진다. 중상류에 위치하는 대형 댐의 영향이다. 우리나라는 산지가 우세한 국토로 상대적으로 중상류 지역이 넓은 면적을 차지하기 때문에 대형 댐 보다는 작은 저수지 형태가 더욱 효율적인 강 관리 전략이다.

하류지역은 계류의 폭이 10m 이상으로 넓다. 강굽이 형성(蛇行川)에 의한 하천 유역의 확장과 충적대지의 발달이 뚜렷하다. 현재 논농사 곡창지대로 평야를 이루고 있는 지역은 오랜 세월에 걸쳐 흙모래와 실트가 퇴적된 하류의 충적저지이다. 하지만 지금의 우리나라의 하류지역은 대부분 인공 제방이 축조되어 있기 때문에 온전한 생태계를 찾아보기란 힘든 실정이다.

도움글

조절강(regulated river) : 아마존 강처럼 자연적인 물 흐름이 사라지고 인위적인 시설과 구조물로 그 흐름이 조절되고 통제되는 강을 의미한다. 수량, 유속, 물의 지체 시간 따위가 늘 관리되고 있음으로써 유수역(流水域)으로서의 온전한 생태계를 관찰하기 어렵다(그림 50).

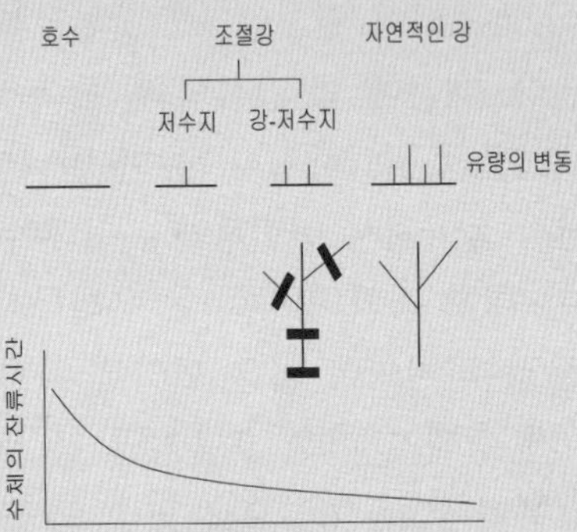

[그림 50] 유량의 변동과 수체(물)의 잔류시간에 따른 세 가지 물터, 호수, 조절강, 자연적인 강. 4대강 사업으로 우리나라를 대표하는 4대강은 모두 완벽한 조절강으로 변했으며, 대형 호수가 강 속에 만들어진 일그러진 강의 모습이다.

4대강 보 사업 : 국가 수자원의 안정적 확보와 수질개선과 홍수조절을 위하여 낙동강, 한강, 금강, 섬진강의 4대강에 대형 보가 축조되었다. 사실상 중대형의 댐 수준으로 초기 비용 약 22조원 이상의 세금이 투입한 초대형 국책사업이었다. 사실상 2012년에 완성되었으나, 계속되는 막대한 관리 유지비용이 투입되면서 여전히 시민사회의 거센 비판에 직면해 있다. 4대강 보 사업은 우리나라 강이 갖는 근본적인 특성과 한반도 생태구조를 고려한다면, 해서는 안되는 토목사업이다. 우리나라 강의 환경은 지구 온대 다른 나라의 강과 뚜렷한 차별성이 있기 때문이다. 국토 면적이 비해서 복잡한 산지 지형과 계절적 시간적 편차가 큰 강수량의 패턴으로부터 긴 여울과 짧은 물웅덩이의 물길 구조를 가진 강이다. 이것은 지사(地史)가 오래된 국토의 강으로 빙하기 영향을 오랫동안 받은 중서부 유럽의 강이나 지진 화산대가 발달한 일본의 젊은 땅의 강과는 그 시스템이 전혀 다르다는 것을 말한다. 우리나라는 고대사회로부터 전래하던 기우제 문화가 최근까지도 전래될 수밖에 없는 까닭도 그런 기후 환경 조건에 잇닿아 있다. 생태사회학적으로 우리나라 사람들에게 버드나무종류는 중요한 위치를 점하는 나무들이다. 그래서 고전 시문(詩文)

속에 가장 많이 등장하고 우리나라 강하천 시스템을 대표하는 식물이 버드나무종류이다. 반면, 중서부 유럽 강의 중하류를 대표하는 미루나무종류는 우리나라 4대강 중하류에는 아예 그 종류 자체가 존재하지 않는다. 즉 그런 미루나무종류가 살 수 있는 그런 자연환경이 아니라는 것을 뜻한다. 결국 강을 살린다면서 유럽을 모델로 시작한 4대강 사업은 우리나라 국가 전체의 생물다양성에 심각한 변질 또는 사멸을 일으키는 국가생태계 교란의 핵으로 작동할 개연성이 매우 높다. 본래 우리나라 강하천이 갖는 모래 강바닥으로 이루어진 물길지표층(지표면과 지하수층 사이의 강 바닥층)은 깊은 호수화로 사라지고, 그에 부응해서 진화한 생물상 즉 흰수마자와 같은 희귀어종도 사멸의 위협에 처해졌다. 물길지표층의 발달은 다양한 서식처를 만들고, 그에 대응하여 풍부한 생물다양성을 지탱하는 본질적 요소이다. 하지만, 호수화 된 강은 생물다양성의 단순화 즉 생물상 맥도날드화의 원인이다. 뿐만 아니라 회유성 어류(뱀장어, 연어, 기타 등등)와 이동 철새의 크고 작은 중간 기착지가 사라지면서 국가를 넘나드는 월경성(越境性) 야생 동물의 이동을 크게 위축시킨다. 좁게는 한반도 내에서는 계절적 이동성이 강한 육상 포유동물이 강 양쪽으로 넘나들기에는 깊고 넓은 물덩어리 장벽으로 작동하면서 그들의 서식처 파편화와 축소도 필연적이다. 이것은 그런 동물의 농경지에서 출몰과 사람과의 접촉과 로드킬과 근친 교배 따위의 빈도가 크게 증가하는 반생태적 결과를 낳는다(190쪽 파편화 참조).

4대강 보로 만들어진 거대한 호수 물덩어리. 강 양쪽으로 서식처가 둘로 분리하는 파편화 현상을 낳고(위), 버드나무종류는 침수로 죽는다(아래).

우리나라 대표적인 자연 상태의 내성천(위), 4대강 보 건설로 완벽한 조절강으로 변해 버린 낙동강(아래) (사진 2014년 봄)

3. 우리나라 강 문제

- 우리나라 강은 장마나 홍수 때가 아닌 시기에 거의 비워져 있다.
- 강은 농업 문화의 생명부양계이다.
- 현대 산업사회의 발달은 하천의 유역환경과 수환경의 구조와 기능에 커다란 변형을 초래하였다.
- 하지만 강은 자연생태계의 연결 통로이고, 인체 혈관처럼 물질과 에너지 이동 통로이다.
- 생태하천은 물 흐름이 자연적인 상태로서 정의한다.

우리나라 강은 지구 온대 다른 국가의 강과 뚜렷한 차이점이 있다. 그 가운데 빙하기 역사가 긴 중서부 유럽 온대지역의 라인 강과 다뉴브 강과는 근본적으로 다르다. 유럽의 이들 강들은 유럽 중앙알프스로부터 발원하는 거대한 집수역(watershed)을 가지고 있고, 연중 강물이 넘칠 정도로 풍부하다. 중앙알프스 산정 일대에 발달한 산악 빙하의 덕이 크다. 우리나라처럼 태풍이나 장마같은 계절성 강우 패턴도 없고, 절대적으로 강수량이 적음에도 불구하고, 강물은 일 년 내내 가득차서 흐른다. 한편 일본의 경우는 화산활동이 활발한 젊은 땅이고, 해양성 기후로서 강수량이 절대적으로 우리보다 많기 때문에 그 강의 구조가 우리와 전혀 다르다. 우리의 경우는 오래된 지사와, 연중 강수량이 일본보다 훨씬 적을 뿐만 아니라 연중 강우패턴에서 가뭄과 홍수 계절이 뚜렷하다. 때에 따라서는 우리나라 강은 비워져 있을 경우가 많다. 한반도에서 일본열도보다 상대적으로 산불이 빈번하게 발생하는 것도 그런 연중 강수 패턴이 계절적으로 극명하기 때문이다. 우리나라 평균 강수량이 비록 중서부 유럽 온대지역보다 많을지라도 우리나라의 그러한 강수 패턴은 전통적인 기우제 문화를 낳은 배경이다. 심지어 흐르는 강을 두고 부르는 명칭에서도 큰 차이점을 보인다. 일본에서는 한자 강(江) 자와 천(川) 자를 두고 모두 **'카와'**라고 부르지만, 우리의 경우는 가람(江)과 내(川)로 달리 부른다. 내가 모인 것이 가람이 된다. 그런데 일본은 지진과 화산이 빈번하기 때문에 오늘이 강이 내일은 천이 되고, 어제의 천이 오늘은 강으로 변하는 지형의 변화가 매우 불안정한 땅이다.

유럽 중앙알프스의 거대한 집수역(集水域) 덕택에 풍부한 수자원을 갖는 라인강

한편 우리나라 강, 하천에는 물길구조의 변형과 인공구조물 설치가 많고, 물의 오탁(과다한 인산과 질소에 의한 부영양) 문제도 여전하다. 많은 강에서 외래 **귀화식물** 또는 호질소성 쓰레기터 식물들이 창궐하는 것도 그런 사실을 뒷받침 한다. 아름다운 우리나라 강의 **고유 경관**과 식생이 크게 변질되어 있다. 쓰레기터의 식물인 환삼덩굴이 하천 어디에서나 볼 수 있는 것도 그런 이유에서다. 한편 봄 식탁에 자주 오르는 산채(山菜)라면 참나물과 취나물을 들고, 수채(水菜)라면 미나리를 든다. 이 미나리는 맑은 물에서는 그 생산성이 떨어지고, 영양분이 많은 구정물에서 잘 사는 수채식물이다. 중국인들이 즐겨먹는 '줄', '마름', 일본인들이 즐겨 먹는 '순채'도 모두 그런 더러운 물에서 자라는 수초들이다. 그러나 이런 수채식물은 공업 폐수가 석인 지독하게 오염된 하천이나 호수에서는 살지 않는다. 그런데 우리나라 사람들은 예전부터 그런 수채식물 정도가 사는 물터를 매우 귀중하게 여겨왔다.

오염된 강(위)과 그 주변에 번성하는 쓰레기터 잡초 환삼덩굴(아래)

산이 많은 우리나라는 매우 복잡한 **강 시스템**을 가지고 있다. 그 만큼 생태계도 복잡하고, 관리 또한 그리 간단하지 않다. 우리나라 강은 수많은 인공댐, 보, 제방 등의 물꼬를 좌지우지하는 시설물들이 건설되어 있는 이른바 조절강이다. 청동기시대에 도입된 벼 경작과 함께 본격적인 농경사회로 발달한 우리나라에서 강은 삶의 터전이고, 동시에 벼농사를 위한 핵심 생산기지였다. 그런데 우리나라는 연간 1,000~1,500mm의 강수량으로 수자원이 풍부한 습윤 온대 국가이다. 하지만, 실제로는 강수량의 계절적 편향성 (하절기의 강수량이 전체 64% 이상을 차지)으로 말미암아 풍부한 수자원에 대한 유용한 이용에는 불리한 형편이다. 농업용수를 원활하게 공급하기 위해서 보, 저수지를 만드는 물막이 문화가 생겨난 까닭이다. 이런 물막이는 전통적으로 하천 흐름에 지장을 주지 않는 크기와 정도로 이루어져 왔다.

그러나 현대사회에 들어서면서 경제 성장과 도시 팽창과 산업 발달로 강에 대한 이용 압력이 크게 높아졌다. 그러다 보니 자연적인 상태로 비교적 잘 보존되었던 강에서도 개발의 손길이 미치고 말았다. 강 주변 유역의 구조와 기능, 즉 땅을 개발하고 이용하는 방식에 커다란 변화가 있었다는 것이다. 최근에는 규모가 작은 지류 하천까지도 그런 변화가 있는데, 생태라는 명칭이 더해졌지만 전혀 생태적이지 않는 생태공원으로 바뀐 곳도 많다. 생태적이란 것은 인위적으로 사람의 힘을 보태지 않더라도 저절로 잘 돌아가는 자연 시스템일 경우를 말한다.

정착농경 시대 이래로 하천은 농업사회의 생활기반으로 또한 경제활동의 기반으로 매우 중요한 역할을 감당하였다. 하천의 자정작용 수용범위 내의 부락과 도시의 밀도 수준에 따라 생활폐수의 처리 배출구로써 그 기능을 감당하기에 충분하였다. 마을 주변을 관통하는 강, 하천 자체가 생활의 공간이었고, 자연적인 물 흐름에 방해가 되지 않는 나지막한 물막이 보가 만들어져 있었다. 다양한 식물사회가 함께 발달함으로써 물고기와 물새들이 풍요롭게 어우러지는 사는 생태공간으로 유지되었던 것이다.

그러나 6.25이후의 급속히 진행된 산업화와 하천을 중심으로 한 도시 밀집 지역의 발달은 하천생태계(하천, 연못 또는 자연습지) 및 반자연지역(논경작지 및 밭경작지)의 변형을 초래하였다. 특히 **도시하천**은 대형 하수구로써 기능적 측면을 강조하면서 직강화 및 시멘트의 무생물적 재료로 제방을 개조하고, 반생태적 유속조절을 위한 대형 물막이 보 등을 축조했다.

그런데 최근에는 삶의 질의 향상과 쾌적한 삶터를 갈망하는 현재 및 미래 세대는 하수구 기능을 감당하는 도시하천을 보다 차원 높은 생물과 어우러진 생태하천을 기대하기에 이르렀다. 수자원 관리라는 치수(治水)의 과거 개념에서 최근에는 **녹색갈증**(biophilia)을 해소하는 하나의 수단으로 고수부지 수변(水邊)을 개발하는 추세이다. 도시 속의 생물과 어우러진 하천 또는 샛강의 재복원은 국민소득 2만5천만불 이상의 산업선진국에서 공통적으로 나타나는 현상이기도 하다.

생태계를 이어주는 하나 축으로 도시하천에 대한 적절한 복원(물 가장자리의 굴곡화, 유선형의 하중도, 계단식 제방 등)은 도시생태계의 생물다양성 증가를 유도할 수 있다. 도심지 내에 부분적으로 산재하는 생태섬이라 할 수 있는 녹지 공원과 대학캠퍼스와 크고 작은 연못과의 연결성을 높인다면 생물적으로 매우 풍부하고 건전한 도시생태계를 재창출할 수 있다. 더욱이 시민 접근이 보다 용이하도록 설계하고, 휴양과 학습의 장소를 구상한다면 공공 복지 차원에서도 시민의 삶의 질을 크게 증진시키는 효과를 얻는다. 이를 위해서는 유수역(流水域)으로서 물 흐름이 온전해야만 실질적인 성과를 거둘 수 있다. 사람만이 즐거운 수변공원이 아니라, 물새와 곤충과 야생 물풀도 어우러지는 진정한 생태적 수변공원을 말한다. 물 흐름의 회복과 더불어 반드시 **수질오염**이 개선되어야 수변생태공원은 성공할 수 있다.

우리나라의 하천 오염은 전 세계의 수질오염과 마찬가지로 비점오염원 (非点汚染源)이 주된 요인이다. 넓은 지역에 걸쳐서 여기저기 산재하는 경작지, 목장, 삼림 벌채 지역, 도시 지역, 공사장, 주차장, 도로 등에 의한 비점오염원에 의한 수질 오염이다. 인구 밀도가 높고 통제가 불가능한 비점오염원이 많은 국가에서는 수질 오염 방지를 위한 최고의 수단으로 개개인의 환경의식에 의존할 수밖에 없다. 낮은 환경의식은 결국 도랑에서부터 개울 하천 구석구석을 썩게 한다. 반면에 수질의 점오염원인 공장, 폐수 처리장, 발전소, 폐광, 석유 탱크, 유정 등은 특정 위치에서 하수관이나 도랑을 통하여 오염 물질이 포함된 폐수를 하천으로 흘려

보내게 됨으로써 철두철미하게 통제할 수 있다. 점오염원의 문제는 관계 기관의 확고한 의지와 감시로부터 해결할 수 있다는 의미이다. 많은 강과 호수와 연안 지역에서 각종 농축산 폐수와 생활하수, 공장 폐수 등에 의한 인간 문화활동에 의한 **부영양화** 현상이 전반적으로 두드러지게 나타나고 있다. 종종 계량적인 수질지표로 그런 수계의 건강성을 표현한다. **수질지표**에 따라 수질을 간접적으로 판단하고 그에 따라 수자원의 이용을 가늠한다.

한편 지하수(地下水)는 토양권 및 암석권에 존재하는 틈을 채우고 있으며, 오랜 시간에 걸쳐서 저장된 잠재적 수자원이다. 오늘날 전 세계에 공급되는 식수의 90% 이상을 지하수로부터 얻고 있다. 그런데 지하수는 여러 가지 유해물질에 의하여 오염되고 있을 뿐만 아니라, 짧은 시간 안에 대량의 지하수를 소모함으로써 수자원으로써의 잠재성이 점점 떨어지고 있는 실정이다. 주유소의 지하 저장소에서 누출되는 유류(油類), 부실하게 관리되고 있는 쓰레기 매립장과 정화조 시설, 대량의 화학비료를 사용하는 농경지와 일부 화학 공장지대 등은 지하수 오염의 최대 원인이다. 뿐만 아니라 가정에서 쓰이는 화학물질들이 하수구를 통해서나 땅위에 그대로 버려짐으로써 지하수 오염을 가중시키는 부분도 상당하다.

해양은 인간 활동으로 발생하는 오염 물질의 최종처리장이면서 식량자원의 공급원이라는 상반된 기능을 유지하는 생태계이다. 바다의 **적조현상**은 해양의 이런 자정 능력 한계를 벗어나면서 나타나는 부영양화의 결과이다. 그 주된 요인은 육지에서 발생한 질소, 인 등 영양 염류를 과다하게 포함한 하수와 폐수의 대량 유입에 있다. 우리나라에서 해양으로 유입되는 오염물의 약 80%가 도시 하수, 공장 폐수 등으로 육상에서 유입된 물질이다. 적조가 발생하며 해수에 녹아 있는 산소가 부족하게 되고 조류(藻類) 자체의 독성 물질로 인한 호흡 장애와 함께 어패류의 질식사로 이어진다. 또 다른 해양 오염으로 유류에 의한 오염이 있다. 최근 연안에서는 유조선이나 일반 선박들의 충돌 및 좌초에 의한 연료 또는 벙커 C유 등의 원유 유출 사고가 과거에 비해 빈번히 발생한다. 이러한 연근해 수역에서 발생하는 적조현상과 유류 유출 사고는 양식업 및 해양 생태계에 엄청난 경제적 피해와 사회적 문제를 일으킨다.

인공 구조물이 과도하게 더해진 도시하천(위)과 야생생태가 어우러진 도시하천(하)

도움글

귀화식물(alien species, exotic species) : '외국식물'이라 함은 현재의 인위적 국경을 기준으로 부르는 일반 용어로 귀화식물의 일부분이다. 귀화식물은 생물지리학적 구계 구분, 즉 생물의 고향에 따라 같은 부류끼리 묶어서 지리구계가 다른 곳에서 새로운 지리구계로 들어가 사는 그룹이다. 귀화식물은 본래부터 사는 토착 고유식물에 대응되는 외래식물의 총칭이다(표 참조).

귀화식물의 생태 분류와 다양성

구분			설명
고유종(固有種) Idiochore Proanthropophyten Native species	**고유종** (특산종 endemic species 포함)		해당 식물지리학적 구계 내에서 본래부터 저절로 생육 분포하는 종. 이 가운데 특정의 지리 영역(예, 한국, 울릉도, 제주도 등)에서만 분포하는 종은 특산종(特産種, autochthonous origin)으로 칭한다(예: 한국특산종 자난초, 울릉도특산종 너도밤나무 등)
	- Seminative species)	**반고유종**	분포중심지로부터 이웃하는 지역에 생육(예, 모감주나무, 회화나무 등)
		반고유 문화종 (Apophyten)	동일한 식물지리학적 구계에 속하면서 현재의 지역에서 자연 서식처(natural habitat *sensu lato*)에서는 번식(regeneration)을 성취하지 못하고, 인간 영향에 노출되어 있는 서식처(cultural habitat; 예로 경작지)에서 살아남은 종(예: 고유 잡초종 쑥, 강아지풀 등, 또는 은행나무처럼 관리됨으로써 살아남은 수목종)
귀화종(歸化種) Anthrophochore Hemerochore Anthropophyten Adventive species Alien species Exotic species	도입 시기 Introduction time		
	고귀화종(古代歸化種) Archaeophyten		개화기 이전 (1890년대 이전) (예, 개망초) **사전귀화종(史前歸化種**, Prehistoric-naturalized plants; 前川, 1943)은 일본 열도에서 정착농경(주로 벼 경작) 시대를 중심으로 귀화한 종을 역사시대에 귀화한 종과 구분하고자 한 개념으로 한반도에서의 식생지리학적 배경과 크게 다름을 유의하여 적용하여야 한다.
	신귀화종 Neophyten		개화기 이후 (1890년대 이후) (예, 코스모스, 가시박 등)
	도입 방법 Introduction mode		
	기회외래종 Akolutophyten		인간의 직접적 관여 없이 자발적으로(저절로, spontaneous) 이동하여 침입하여 야생화한 경우, 이 종의 영향은 대체로 신속하고 광범위한 확산을 보이는 탓에 그 영향 또한 가시적이다. (예, 별꽃아재비)
	수반외래종 Kenophyten		인간의 직접적 관여에서 비의도적(예, 목재 수입에 묻혀온 씨앗, contaminants)으로 유입된 도래종 (예, 미국자리공)
	탈출외래종 Ergasiophygophyten		인간의 직접적 관여에서 의도적(intentional)으로 도입된 종이 야생 상태로 탈출하여 생육 분포하는 경우, 원예, 조경, 농경 등의 의도적 도입으로부터 이차적으로 탈출한(escaping) 종(逸出種)으로 생태적 분포가 가시적이지 않다. (예, 기생초)
	정착 양식 Naturalization		
	영구 정착	**일차식생외래종** Agriophyten	일차식생(primary vegetation; 자연 또는 반자연 식생)에서 구체적인 서식 지위를 차지(예: 습지에 드물게 미국가막사리)
		이차식생외래종 Epecophyten	자연교란 또는 인간간섭에 의한 이차식생(secondary vegetation; 사례 - 터주식생)에서만 구체적인 서식 지위를 차지 (예, 붉은씨서양민들레)
	일시 정착	**일시정착외래종** Ephemerophyten	약간의 야생상의 개체로 관찰되지만, 식생(형) 속에서 구체적인 서식 지위가 없는 경우로 자력으로 지위를 유지할 수 없는 경우 (예, 노랑꽃창포)
		경작외래종 Ergasiophyten	경작되고 있는 상황에서만 나타나며, 야생화로 관찰되지 않는 경우 (예, 외래 경작식물)

[참고] 기타 복합적인 용어.

지역종 (local sp., land-races) : 어떤 지역에서 특정 생물지사(현재 포함) 시기에 분포하는 것으로 기록되고 있는 종.

도입종(導入種, introduced sp.): 한 지역에 원래 분포하던 종이 아닌 다른 지역의 산물인 종을 특정한 목적 (경제, 심미 등)을 위해 이주 또는 이식시켜 정착된 종 (지역에서 도입종이라고 지목되는 종의 분포와 확산에 인간의 역할이 개재되었다는 증거가 필요). 여기에서 외국이나 외지에서 들려왔다는 의미로 일반적으로 사용할 수 있는 용어는 **외래종(外來種)**이다.

토착종(土着種, spontaneous sp.) : 외래종의 범주에 귀속되면서 스스로 개체군의 유지 발달함에 있어서 현지외(現地外)로부터의 유입된 산포체 (diasporas)에 의하지 않고 현지내(現地內)에서 저절로 개체군을 형성하는 종.

향토종(鄕土種, indigenous sp.) : 자생이 아닌 외국에서 들어온 것이라도 원주민과의 밀접한 관계에 있는 것은 향토종으로 인정. 즉 외래종이 토착화된 종 가운데 인간의 관리에 의해 번식하는 종과 자생종 모두를 포함.

자생종(自生種, wild sp.) : 일명 향토종으로 그 지역에 저절로 사는 모든 **야생종(野生種)**에 대하여 일반적으로 사용하는 용어.

생태미확인종(生態未確認種, unecophyte) : 귀화식물종 가운데 인간간섭 하(예: 농경)에서 진화해 왔으며, 그로 인해 자연 지역 (natural home range)에 그 서식처를 가지고 있지 않으면서 원래의 원서식처(original habitat)에 대한 정보가 없는 종.

인위식물종 (人爲植物種, synanthropophyte) : 고유종이거나 외래종 가운데에서 인간의 활동(간섭)에 의해서만 그 분포가 확산될 수 있는 종 그룹(Kowarik, 1988).

침투종 (浸透種), invasive sp.) : 고유의 서식처가 아닌 다른 입지(서식처)에 저절로 들어와 사는 종 (Herger, 2000). 하지만 일반적으로 고유 식물사회에 영향력을 미치면서 이것이 인간활동에 의해 야기되는 경우에 적용되는 개념이다(Colaitti & MacIsaac 2004). 예를 들면 생물다양성협약에서는 어떤 종이 본래의 자연 분포 지역을 벗어나, 새로이 분포하는 지역에서 그 지역의 생물다양성을 위협하는 종그룹을 침투외래종(Invasive alien species: IAS; CBD 2008)으로 정의한다. 즉 침투종은 고유 생태계에 부정적인 영향을 미치는 종 그룹이며, 그것이 귀화식물일 경우에 침투귀화종으로 부른다.

(*sensu* Schröder 1968 and Kornaś 1978; Geißelbrecht-Taferner & Mucina 1995; Lohmeyer & Sukopp 2001; CBD 2008)

고유경관(native landscape) : 서로 상호작용을 하고 있는 한 묶음의 생태계 또는 입지(stand)가 비슷한 형태로 반복하는 것을 경관이라 한다(Forman *et* Godron, 1986). 여기서 고유경관은 지역의 기후와 자연환경 조건에 잘 대응하는(matching) 경관을 말한다. 우리나라의 전통적인 고유경관은 배산임수(背山臨水)로 경관 지역 내에서 온전한 먹이사슬과 생물다양성을 갖는 다양한 생태계로 이루어지고, 그 속에는 잘 보전된 서식처가 존재한다는 의미이다.

배산임수의 우리나라 농촌의 고유경관(위)과 마을 뒷산의 숲정이(아래)

녹색갈증(biophilia) : 어린 새끼 동물이 모두 귀엽고 측은하듯이, 모든 사람이 갖고 있는 자연을 좋아하는 유전적 특성을 일컫는다(Wilson, 1984). 회색의 환경 속에 생활하는 도시 사람들이 녹색의 자연 공간으로 휴가를 떠나는 이유도 그런 녹색갈증을 해소하기 위함이다. 녹색갈증은 학습 없이 저절로 하는 숨쉬기처럼 유전적 본능이다.

카와 : 일본에서는 규모가 큰 강이나 규모 작은 하천에 대해서 모두 한 가지 고유어 '카와'라고 말한다. 한자 강(江)에 대해서도 천(川)에 대해서 그렇게 부른다. 예를 들면 집수역 크기를 볼 때, 우리나라 낙동강 수준의 토네카와(利根川, Tonekawa River)를 천(川, kawa)으로 부른다. 영어로는 집수역이 큰 강은 'river'로, 작은 것은 'stream'으로 번역한다. 화산섬 일본에서는 강으로 번역될 만한 큰 강이 존재할지라도, 본질적으로 강이 가지는 근원적인 특성을 포함하는 강(江)이 존재하지 않기 때문이다. 강과 천의 차이는 물길

생태계의 특징인 빈번한 물리적 교란(disturbance) 수준이 다른데, 작고 젊은 천이 모이면 크고 늙은 강이 된다. 일본의 물길은 지진과 화산으로 늘 젊은 상태이다. 물길 지형의 변화가 심한 편이고, 태풍의 빈도와 강도는 우리와 비교되지 않을 정도로 빈번하고 강하다.

도시하천 기능: 도심을 통과하는 하천은 생태계와 야생이 빈약한 회색 도시 공간 속에서 생태계 축으로 중요하다. 사람과 생물이 어우러진 생태 공간으로 배려한 관리는 시민들의 녹색갈증을 해소하는 기회를 제공한다. 나아가 현재 및 미래의 시민에게 지역생태계에 대한 환경생태 교육장으로 유효하다.

수질오염: 일반적으로 지표수와 지하수와 해수 속으로 부패성 물질, 유독 물질, 부유 물질 등이 유입되어 물의 물리·화학적 변화가 일어남으로써 각종 용수로 사용할 수 없거나, 수서생물에 악영향을 초래하는 경우를 수질오염이라 한다. 하천 상류 또는 오염되지 않은 지하수의 깨끗한 물은 음용수로 이용하고, 음용수로 적합하지 않은 물은 산업의 공업용수로 사용되거나 농업을 위해 관개용수로 쓰인다. 그 이상으로 오염된 물은 어디에도 사용 불가능하고, 고비용을 들여서 정수함으로써 겨우 사용할 수 있다. 우리는 여전히 음용수나 공업용수나 농업용수로도 사용할 수 없을 정도의 오염된 하천수를 여전히 곳곳에서 목격한다. 수질이 개선되지 않는 물의 정체는 부영양화를 더욱 악화시켜 마침내 심한 악취가 진동한다. 물속 산소가 어느 정도 이상 소비되면 수서생물들 중에서 특히 물고기와 조개류(패류)들이 질식하여 죽는다. 물속 산소가 완전히 소모되면 혐기성 생물들을 제외하고는 모든 생물들이 사멸하고 만다. 더욱이 혐기성 미생물의 대사 부산물들은 황화수소, 암모니아, 메탄 등과 같이 독성을 가지면서 고약한 냄새가 나는 기체들이다. 기온이 높은 날 고여 있는 물속에서 공기 방울이 떠오르는 것은 바로 이런 기체들이 발생하여 공기 중으로 확산하는 현상이다. 수질오염을 가늠하는 대표적인 수질지표는 대장균 수, 용존 산소 농도(DO), 생화학적 산소 요구량(BOD), 화학적 산소요구량(COD) 등이 있다.

부영양화: 수중 생태계로 유입되는 영양소의 증가로 조류와 수생 식물이 번성함으로써 유기물의 총량이 증가되는 현상을 부영양화 (富營養化, eutrophication)라고 한다. 부영양화에 가장 큰 영향을 미치는 질소 (N)나 인(P)이 증가하면, 이를 양분으로 삼아 태양광선 하에서 광합성을 하는 단세포의 식물성 플랑크톤, 대형의 수생 식물 등이 폭발적으로 증가한다. 특히 수온이 높은 여름에는 규조류, 편모 조류 등 각종 조류가 급격히 증가하는 현

상이 나타난다. 겨울철에는 사체(死體)가 대량 발생함으로써 바닥에 침전한다. 수온이 조금이라도 올라가면, 부패하는 과정에서 암모니아와 독성 가스가 발생하고 산소요구량이 크게 증가하면서 물속은 죽음의 공간이 된다. 물고기 떼죽음의 원인이다. 2012년 4대강 보 설치 이후에 생겨난 이른바 '녹조라떼'라는 신조어는 강이 흐르지 않고 마치 호소처럼 물이 정체되면서 녹조 대발생 사태에서 비롯된 일이다. 일반적으로 강이나 하천은 물이 흐르는 유수역(流水域)으로서 녹조 대량 발생은 일어나지 않는다. 물이 흐르면서 부영양의 수질이 오히려 개선되기 때문이다. 내륙 수계에서 부영양 물질이 충분히 분해되지 않은 채 상당한 양이 연안 해수로 유입될 때, 적조 현상이 발생한다.

적조현상 : 하수와 폐수 속에 다량으로 포함된 질소와 인 따위의 영양 염류, 충분한 일사량, 철분 구리 망간 등의 미량 금속이나 유기물질의 작용, 수온 염분 pH 등이 적합하고, 무풍 상태가 계속되면서 해수 교환이 일어나지 않을 때, 해수 속의 조류(藻類, 식물성플랑크톤)는 대량으로 번식한다. 식물성플랑크톤이 해수 속에 통상적인 농도의 100~1000 배로 증식하여 해수면의 색깔이 붉게 띠는 현상이 적조현상(red tide)이다. 적조 발생으로 해수에 녹아 있는 산소 부족 현상이 일어나고, 조류 자체의 독성 물질로 인한 호흡 장애 등으로 어패류가 폐사 한다. 우리나라에서는 1962년에 남해에서 적조 발생이 처음으로 알려진 후로 동해에 이르기까지 여러 해역에서 매년 자주 발생하여 양식에 막대한 피해를 주고 있다. 특히 서해안과 남해안에서 연안 오염이 한층 심화되는 실정이다.

이 생각 저 생각

중택이의 교훈

지구상에서 가장 오래된 고기로 피라미를 닮은 버들치가 있다. 갈겨니를 두고 버들치라고 부르는 동네도 있다. 서식하는 장소가 비슷하다. 버들치란 이름은 계곡에서 버드나무와 어우러져 사는 물고기란 뜻이다. 버들치가 사는 곳에는 갯버들-달뿌리풀군락이라는 식물 사회가 늘 있다. 버들치가 살 수 있도록 삶의 터전을 이 식물사회가 일구어 준다. 달뿌리풀은 땅 위를 기어가는 줄기를 가지고 억세게 번식하는 게릴라식물이다. 마디에서 실뿌리를 내리고, 이 실뿌리가 물길 바닥에 딱 붙어서 홍수 때에도 좀처럼 씻겨 내려가지 않는다. 더욱이 홍수 때에는 주위 다른 식물들이 떠내려가는 것을 막아 주고, 낙엽과 같은 부식질(腐植質)도 떠내려가는 것을 막아준다. 버들치에게 피난처를 제공하는가 하면, 수많은 수서(水棲) 곤충의 안전한 쉼터를 제공한다. 계곡에 버들치가 있다는 것은 그 만큼 자연이 잘 보존된 계곡의 역사를 온전히 간직하고 있음을 의미한다. 버들치는 우리나라 계곡을 대표하고, 그곳의 주인인 생명체이다. 버들치는 "중이 택하는 이"라는 뜻의 '중택이'란 토속 명칭도 가지고 있다. 출가한 어떤 행자가 자리를 잡고서 절을 세우고, 밭을 갈고 사는데, 밥을 짓기 위해 계곡에서 쌀을 씻노라면, 그 개울 속에 버들치가 늘 헤엄치고 놀고 있기에 붙여진 이름이라고 한다. 결국 버들치가 사는 산천은 수려하여 절을 세울 만한 곳이라는 뜻이 된다. 그런데 우리나라 유명한 계곡에는 중택이가 거의 다 쫓겨날 판이다. 계곡은 많은 사람들이 내버린 쓰레기와 음식 찌꺼기로 오염되고, 이동통로를 차단하는 작은 물막이 보가 여기저기에 축조되어 있다. 중택이가 점프해서 뛰어오를 수 없을 정도의 높은 보는 계곡의 위아래를 갈라놓는다. 이런 저런 비생물적 반생태적 방해요인으로 수천수만 년간 살아온 중택이는 이제 그 생존에 큰 위협을 받고 있다. 특히 여름철만 되면, 행락객으로 계곡은 온통 소란스럽고 지저분하다. 행락이 가능한 계곡을 엄중히 관리해야 한다.

중택이가 살지 않는 계곡은 생물적 사막에 가깝다. 계곡에 중택이가 없다면 그 계곡 생태계는 일그러졌다는 의미이고, 주변 산지의 먹이사슬에도 문제가 발생한다. 계곡이 잘 보존되어야 우리나라는 백두대간 산지 생태계도 잘 보존될 수 있다. 겨울 동안에 모든 동물들은 계곡쪽으로 내려와 피신하고 먹이를 구하기 때문이다. 계곡이 파괴되면 하류도 일그러진다. 윗물이 맑아야 아랫물이 맑아 지는 것과 같다. 수려한 산천일수록 계곡에 버들치를 반드시 살려내야 한다. 버들치는 우리나라 계곡의 아름다운 자연사와 문화사를 품은 우듬지 생명체이다.

우리나라 최상류 계곡이나 계류에 사는 갈겨니(문경새재)

제7장

우리나라의 녹색 환경

1. 우리나라의 자연식생
2. 숲의 역사
3. 자연 보전 의식
4. 북한의 녹색 자연

제7장

우리나라의 녹색 환경

우리나라는 인류문명을 주도하고 있는 지구의 4대 온대-문명지역의 한 군데 동아시아 한 가운데에 위치하고, 온대 낙엽활엽수림이란 숲이 대표한다. 좁은 국토 면적에도 장구한 자연의 역사를 토대로 매우 다양한 자연 생태계가 발달하고, 무척 다이내믹하다. 우리나라의 온대림을 대표하는 식물은 도토리 참나무 종류이고, 우리의 생활 무대이며 역사적 문화적 기반이다. 그 가운데 한국인의 숲정이 문화는 인류문화유산으로 존재가치가 드높다.

1. 우리나라의 자연식생

- 우리나라의 국민 일인당 자연식생의 면적은 2.6평으로 아주 작은 편이다.
- 이것은 한반도의 자연생태계와 국민 생활 기반으로 "숲씨" 즉 자연림의 면적이 절대적으로 적다는 것을 뜻한다.
- 그럼에도 국토의 건전한 이용과 지속가능한 개발과 녹색갈증 해소를 보장할 수 있는 전국토의 40%, 즉 국민 일인당 자연림 면적 280평으로 확대할 잠재력은 충분하다.

우리나라는 지구 **생물군계** 가운데 겨울에 낙엽지는 하록활엽수림(떨기나무숲)의 온대림 지역에 위치한다. 지구 전체 육상생태계의 총생물량의 19%를 차지하는 온대림 지역은 우리나라를 중심으로 하는 동북아 지역, 북미 대륙, 중서부 유럽, 그리고 남반구의 남동 호주와 뉴질랜드 등으로 크게 네 군데 흩어져 있다(그림 33 참조). 이처럼 온대림 지역에는 현대 인류 산업문명을 주도하는 국가들이 모여있다. 이런 온대림 지역은 삼림 파괴와 토지 이용이 집약적으로 이루어짐으로써 가장 많이 변형된 지역이기도 하다. 그러므로 원시 상태의 자연림을 찾아보기 사실상 어려운 실정이다.

우리나라의 온대림은 자연 상태에서 떨기나무 종류가 주종을 이룬다. 참나무, 너도밤나무, 단풍나무, 느티나무, 참느릅나무 등이 대표적이다. 한반도 지역과 제주도에서는 여러 가지 참나무(oak) 종류가 그리고 울릉도에서는 너도밤나무(beech)가 숲을 대표하는 **잠재자연식생**이다. 이처럼 자연을 그대로 내버려 둔다면, 우리나라 자연은 궁극적으로 "숲"이란 식물사회로 이루어진다. 우리나라 사람의 문화적 기반은 숲과 나무에서 시작하고, 특히 도토리 참나무 숲은 초기 선사인들을 먹여 살린 삶의 기반이었다(그림 52).

[그림 52] 우리나라 잠재자연식생도. 사람이 간섭하지 않고, 자연 상태로 내버려 둔다면, 우리나라는 도토리 참나무가 주인공인 냉온대 숲이 가장 넓은 면적을 차지하는 땅이다. 한반도에 당도한 선사인들에게 참나무 도토리는 최고 식량이었다.

남북으로 길게 뻗어 삼면이 바다로 둘러싸인 한반도는 각 지역의 기후와 풍토에 따라 다양한 잠재자연식생이 발달한다. 해안은 해안대로 내륙은 내륙대로 다양한 녹색 자연이 들어선다. 해안선에는 개흙으로 이루어진 서해안의 간석지, 남해안의 리아스식 해안 절벽, 동해안의 명사십리와 같은 해안모래사장 따위가 골고루 분포한다. 해안의 녹색 자연이 무척 다양하다는 것을 의미한다. 내륙에는 수평적으로는 남부 지방의 난온대(暖溫帶)에서부터 북부 지방의 냉온대(冷溫帶)에 이르기까지, 수직적으로는 낮은 해발고도의 저지대로부터 해발 고도가 높은 고산지대에 이르기까지 잠재적으로 매우 다양한 식생(植生)이 나타난다. 이런 녹색의 자연환경이 초기 선사 시대로부터 지금까지 우리나라 사람의 문화적 배경 즉 삶의 무대가 된 것이다. 인간의 손길을 타지 않은 또는 덜 미친 자연식생은 극히 일부 국립공원 지역에서 아주 좁은 면적으로 남아 있다.

자연식생이란 것은 지역의 자연조건에서 저절로 발달해서 가장 온전한 모습을 갖춘 식물사회이다. 그래서 그 땅의 유존적(遺存的) 자연자원을 포함하고 있는 것이다. 때문에 자연의 씨(a core of nature) 즉 "숲씨"라고 하는데, 훼손된 땅에 자연을 복구하고자 할 때에는 중요한 모델이 된다(그림 53). 우리가 자연식생이나 그와 비슷한 식생을 보호하는 노력도 그런 이유에서다. 현재 우리나라에는 보존 가치가 높은 자연식생이 전국토의 약 0.4%(373km^2)로 무척 적게 남아 있다. 숲씨 면적이 절대적으로 부족하다는 것을 뜻한다. 거기다가 남아있는 대부분의 자연식생은 그 주위에 경작지와 같은 적극적으로 이용되는 토지로 둘러싸여 있기 때문에 늘 훼손의 위협에 노출되어 있다. 그 만큼 온전한 자연식생 상태로 보존하는 데에 큰 어려움이 뒤따른다.

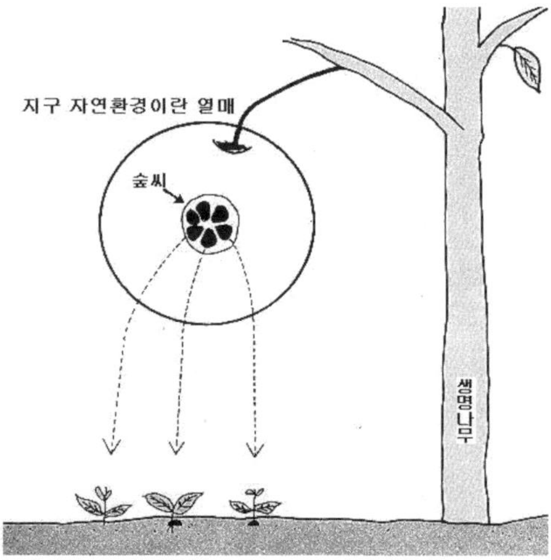

[그림 53] 숲씨의 이해. 과실의 씨를 남겨야 이듬해 또 수확할 수 있듯이 지속가능한 개발이란 최소한의 '자연의 씨'를 남기면서 개발행위를 하는 것이다. 석과불식(碩果不食)의 정신이다. 우리나라의 숲씨라 할 수 있는 참나무 자연림을 잘 보존해야 하는 까닭이다.

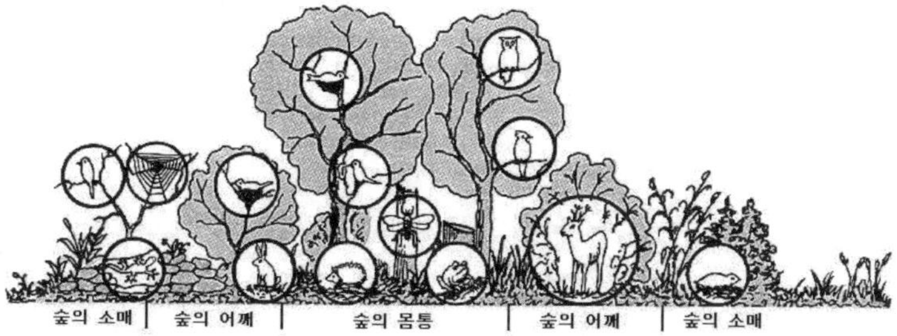

[그림 54] 숲의 기능: 생명의 보금자리(Heinrich *et* Hergt, 1994). 등산로 가장자리로부터 숲 속으로 들어가면서 관찰할 수 있는 삼림구조(숲의 소매, 어깨, 몸통)에는 각기 그 환경조건에 적응한 다양한 생물종이 산다. 숲은 많은 생물종이 거처로 삼는 생물다양성의 보고이다.

[표] 한반도 삼림식생의 다양성

자연식생형	지리 분포	우점종 및 주요 구성종
아고산대 침엽수림	북부지방 및 중부고해발	가문비나무, 전나무, 구상나무, 분비나무 등
냉온대 북부/고산지형 침활혼합림	북부저해발, 중부중해발, 및 남부고해발	신갈나무, 잣나무, 피나무 등
냉온대 중부/산지형 낙엽활엽수림	중부중해발	신갈나무, 철쭉나무 등 상부와 하부의 인접 식물사회와 공통종 포함
냉온대 남부/저산지형 낙엽활엽수림	중부저해발 및 남부중해발	졸참나무, 작살나무, 서어나무, 회잎나무, 밤나무, 감태나무, 덜꿩나무, 산초나무 등
국소토지형 서어나무림	암석이 노출한 산비탈 계곡과 충적대지 (토지-지형적 조건에 의존)	서어나무, 개서어나무, 비목나무, 사람주나무, 가막살나무, 참느릅나무 등
난온대 상록활엽수림	한반도 최남단지역 및 남부 도서지역	후박나무, 구실잣밤나무, 붉가시나무, 가시나무, 종가시나무, 참식나무, 육박나무 등

자연식생이 파괴되면 그 자리에 자연식생을 대신하는 이차(二次)식생이 들어선다. 즉 훼손된 곳에 시간이 흐르면서 서서히 회복하는 **천이**가 일어나고, 그 결과 자연식생과 조금 다른 이차식생이 그 자리를 메운다. 우리나라에는 이차식생 면적이 아주 넓다. 전국토의 약 40%에 이른다. 이러한 자연식생과 이차식생 이외에 대상식생(代償植生)이란 것이 있다. 논, 밭, 과수원, 조림지, 숲정이처럼 경제적 목적으로 계속 관리하는 식생이다. 우리나라 전국토의 약 59%를 차지한다. 대부분 택지 개발, 산업용지 개발, 여러 가지 용도로 적극적으로 이용되는 공간이다.

우리나라 녹색 자연(자연식생, 이차식생, 대상식생)의 이런 구성은 비록 국민 일인당 자연식생의 면적이 2.6평 정도로 매우 빈약한 실정이지만, 이차식생의 면적이 아주 넓게 남아 있어 희망적이다. 일인당 이차식생의 면적이 267.5평으로 선진국 수준이고, 이차식생을 어떻게 관리하느냐에 따라 얼마든지 자연식생으로 회복이 가능하기 때문이다. 국토의 건전한 이용과 지속가능한 개발을 위해서도 이차식생을 잘 관리해야 하는 과제가 우리 앞에 놓여 있는 셈이다. 우리나라 국토를 야생 생물 서식처로써 그 수용 범위를 고려할 때, 이차식생과 자연식생의 면적을 합한 전국토의 40%(40,000km^2) 즉 일인당 자연녹지 면적을 약 280평으로 확대할 수 있어 그 만큼 생태적 관리가 매우 중요해진다. 이것은 미래 세대를 위한 쾌적한 삶터의 재창조와 곧장 맞닿아 있는 과제이다.

계명대학교 성서캠퍼스의 잠재자연식생을 대표하는 참느릅나무

도움글

잠재자연식생과 숲 문화 : 어떤 지역의 현재 자연환경 조건에서 인간간섭을 완전히 배제했을 때 자연적으로 발달하는 종국(終局) 식물사회가 잠재자연식생(potential natural vegetation)이다. 일반적으로 극상림이라고 부르는 자연림도 잠재자연식생에 속한다. 1956년 R. 튝센에 의하여 독일의 자연 보전과 회복을 위해서 창시된 이론적 개념이다. 자연림이 거의 없는 땅에서 잠재자연식생을 판단하기란 쉬운 일이 아니지만, 자연 회복을 위해 활용 가능한 매우 중요한 개념이다. 특히 한반도나 제주도의 경우, 여러 가지 참나무종류(졸참나무, 신갈나무, 굴참나무, 떡갈나무, 갈참나무, 상수리나무, 물참나무 등)로 어우러진 낙엽활엽수림은 잠재자연식생을 구성하는 핵심 수종이다. 도토리 참나무 잠재자연식생은 한국인의 전통 문화 역사의 무대이다.

숲정이 : 우리나라 사람들은 전통적으로 마을 뒷산에 숲을 가꾸었다. 이것은 가까운 거리에서 의식주를 좀 더 쉽게 해결하고자 하는 지혜에서 비롯한다. 숲정이는 마을 배후의 숲이고, 연료와 식료를 제공하는 에너지 공급원으로 마을 사람들이 가꾼 마을 공동체의 숲이다. 우리나라 전통 마을 경관은 숲정이로 특색지어지고, 독특한 '숲정이 문화'가 있었던 것이다. 숲정이 식물들은 마치 가축과 같은 특성을 지니고 있는데, 대나무와 소나무와 참나무가 대표적이다. 텃밭의 채소밭처럼 죽밭, 솔밭, 도토리밭이란 정겨운 이름으로 불리었다. 오늘날 숲정이는 아까시나무와 리기다소나무의 북미원산 외래식물로

한국인의 솔밭 숲정이 문화

가득 채워져 있는 허접한 숲으로 변하고 말았다. 전통 숲정이 문화가 잊혀지고 있다는 뜻이다. 일본의 사또야마(里山) 문화는 유네스코가 인정한 인류문화유산인데, 이 사또야마 문화의 원형은 우리의 숲정이 문화에 뿌리를 두고 있다. 숲정이는 사람과 숲이 어우러지는 지속가능한 인류문화유산의 숲이고 모형이다.

ESSD : '환경적으로 건전하고 지속가능한 개발'이란 의미의 Environmentally Sound and Sustainable Development의 약칭이다. 1992년 브라질 리우에서 개최된 세계환경회의의 주제어이다. 미래 세대를 위한 예방적인 환경 보호적 개발을 성취하기 위한 가장 효과적이고 경제적인 방법으로 유엔환경계획(UNEP)에서 제시하였다. 그 주요 목표는 다음과 같다.

- 경제 성장률 조정
- 경제 성장의 질적 변화
- 인구의 적정 수준 확립
- 자원 기반의 보존과 질적 양적 강화
- 기술과 위험 관리에 대한 재정립
- 의사결정과정에서 환경과 경제의 조화
- 고용, 식량, 에너지, 물, 위생시설의 최소 요구 충족

케냐 UNEP 본부의 환경회의

천이: 자연은 동적(動的) 정적(靜的) 현상을 보인다. 즉 생태계는 정적인 부동성(不動性) 속에 엄청난 에너지와 엔트로피의 이동과 변화가 내재되어 있다. 이 현상은 항상 안정상(安定相)의 구조와 형태를 쫓아 일어난다. 동적 현상이란 것은 생태계를 구성하는 모든 생물적·비생물적 요소에 의한 집단의 형태와 구조의 연속적·단계적 변화를 의미한다. 생태학적 "천이(succession)"의 정의이다. 숲의 최고 안정상은 극상림(極相林)이다. 극상림은 궁극적으로 숲 구성멤버의 출생률과 사망률 비가 1:1이란 균형을 이룬다. 숲이 들어선 장소의 입지 조건과 구조와 형태에 따른 수용범위에 의해서 여러 단계의 연속 과정의 결말이다. 연속 과정 중에 어떤 한 단계가 발전하여 정점에 도달하면 점차적으로 그 단계는 쇠퇴하고 다음 단계로 이행한다. 이런 중간 단계의 발전, 쇠퇴, 소멸의 정반합 과정을 통해 마침내 수용범위의 안정기에 접어든다. 숲은 여러 중간 단계 식물사회의 발전과 소멸을 통해 마침내 극상림의 최고 단계에 다다른다. 극상은 천이 과정에 대한 이론으로 실제 자연에서 보는 경우는 드물고, 극상 상태에 근접한 천이 도중의 준극상(準極上)인 경우가 대부분이다. 그러므로 극상림 또는 처녀림(virgin forest)이라고 하는 것은 인간간섭과 자연파괴(태풍, 지진, 눈사태 등)를 완전히 배제할 때만 가능한 절대 숲이다.

자연식생, 이차식생, 대상식생:

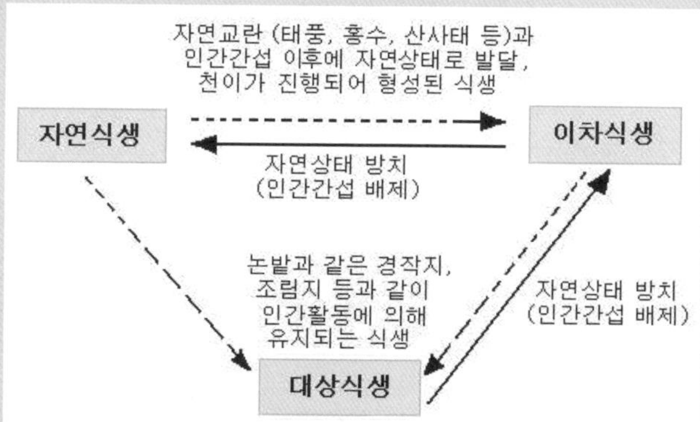

[그림 55] 자연식생, 이차식생, 대상식생의 상호관계. 국립공원과 같은 자연이 잘 보존된 지역에서 보는 숲은 자연식생에 가까운 근자연(近自然) 삼림식생이다.

이 생각 저 생각

영변의 약산 진달래

진달래와 철쭉나무는 '로도덴드론'(Rhododendron)이란 동일한 속명을 가지는 참꽃 종류이다. 두 종은 형제간이지만, 야생에서 살아가는 방식에서 그 성격과 행동양식이 아주 대조적이다. 사는 장소, 꽃피는 방식, 생태계 속의 역할 따위가 그렇다. 진달래는 철쭉나무 보다 직사광선이 강한 남쪽 비탈면에 흔하다. 잎과 동시에 꽃피는 철쭉나무와 달리 진달래는 잎 나기 전에 꽃이 먼저 핀다. 철쭉나무는 추지고 비옥하고 때로는 음습한 곳도 좋아하지만, 진달래는 건조하고 덜 비옥하고 늘 밝은 곳에서 산다. 특히 진달래는 척박한 땅에서는 주인 노릇 한다. 잘 보존된 숲 속에서 철쭉나무는 좀 견뎌내는 편이지만, 진달래는 밀려난다. 그래서 진달래는 주로 보통 식물이 살기 힘든 산악 암벽 틈이나, 산불이나 벌채나 조림된 곳처럼 사람이 많이 간섭한 곳에서 드물지 않게 본다. 진달래는 보통 이차식생, 그것도 많이 훼손된 산야에 사는 생명체인 셈이다. 영변의 약산 진달래라는 김소월의 시는 기실은 영변 약산 지역의 파괴된 자연을 배경으로 생겨난 시이다. 그런데 아이러니하게도 그곳에는 지금 평화를 위협하는 영변 핵발전소가 위치한다.

2. 숲의 역사

- 우리나라 숲은 빙하기 이전의 고대로부터의 통신이다.
- 오래된 자연사로부터 참나무와 소나무와 나물 문화가 생겨났다.
- 일제강점기와 6·25동란은 삼림 훼손의 극성기였다.

현재 우리가 목격하는 자연은 지금으로부터 길게는 1만5천여년 전의 빙하기가 서서히 막을 내리고 지구가 온난기에 접어들면서 발달한 것이다. 땅속에 파묻혀 있던 꽃가루를 발굴하여 시대 변천에 따라 녹색 자연을 규명한 연구에서 밝혀진 사실이다. 우리나라의 현존 시물사회는 빙하기 이전부터 살아남은 북방 요소들과 빙하기 이후에 들어온 남방요소로 이루어져 있다. 구석기시대와 신석기시대를 거치면서 마침내 정착농경이 활발해지고, 자연에 대한 인간간섭이 본격적으로 이루어지면서 녹색 식물사회에도 큰 변화를 겪는다.

지구 빙하기 가운데 가장 한랭한 만빙기란 시기에는 지금도 고산지대에 유존하는 아고산성 침엽수림이 평지에도 널리 분포하였다. 나무 종류로는 가문비나무, 구상나무, 전나무, 눈잣나무 따위가 대표적이다. 만빙기가 조금 지나 약간 기온이 올라간 시기에는 지금 우리가 흔히 보는 참나무 종류와 잣나무가 섞여 숲을 만들고, 점점 여러 가지 활엽수 떨기나무 숲이 넓어졌다. 지금으로부터 1만여년 전, 구석기시대에서 신석기시대로 문명의 축이 전환하던 때는 인류문화사적 격변의 계기를 맞이한 시기이다. 지구 기후가 완연하게 온난해짐으로써 인류의 새로운 문명 태동을 뒷받침한다. 마침내 지구는 더욱 온난화지면서 현재 우리가 보는 참나무 떨기나무 숲이 가장 넓게 발달하게 되고, 그 틈바구니에 소나무가 섞여 살기도 하였다. 그러니까 지금 우리가 국립공원 지역에서 만나는 자연식생 숲은 긴 시간을 거슬러 올라가 1만년 전보다 더 오래된 자연의 모습을 그대로 보고 있는 셈이다. 자연의 변천사를 이해하는 서양 과학자들은 지구변천사를 그대로 보여주는 우리나라 국립공원 숲을 보면서 경이로움을 금치 못하는 까닭도 거기에 있다.

남방의 난온대 늘푸른 상록활엽수림은 초기~중기 신석기시대의 정착 농경이 시작된 이래로 한반도 남부지방에서 자리잡기 시작했다. 본격적인 농경문화의 청동기시대에는 사람이 사는 마을을 중심으로 땔감과 산나물과 생활도구를 구하는 다양한 인간간섭으로 자연 상태의 숲은 아주 많이 변했고, 산불과 같은 피해로 넓은 풀밭 초지도 생겨났다. 본격적인 인간간섭과 맞물려 완전한 '소나무시대'라고 부를 만큼 마을 근처는 소나무가 대표적인 경관을 만들었다. 숲이나 풀밭과 같은 자연에서 나는 생산물 또는 부산물에 관한 선사인들의 씀씀이 정보는 지금도 우리에게 전해지고 있다. 우리나라 사람의 나물이나 소나무 문화도 거기에 이어져 있다. 대륙성 기후의 한반도는 자주 산불이 발생할 수 밖에 없는 자연환경과 기후환경을 가지고 있는데, 여기에서 생겨난 전통문화가 나물문화이고 소나무문화이다. 일본열도는 해양성 기후이기 때문에 산불의 발생 빈도가 무척이나 낮다. 참나무종류 대신에 너도밤나무종류가 일본열도의 자연림을 대표하는 수종이란 사실도 같은 맥락이다.

한반도 내에서 구석기시대로부터 역사시대 이전의 철기시대까지 선사 유적에서 발굴되는 숯, 씨앗, 꽃가루, 잎 등으로부터 선사인들이 이용했던 식물종의 다양성을 살펴볼 수 있다. 참나무 종류, 물푸레나무 종류, 소나무 종류, 팽나무 종류, 오리나무 종류, 청미래덩굴 종류, 생강나무 종류, 진달래 종류, 복숭아 종류, 뽕나무 종류, 명아주과, 국화과, 십자화과 등의 야생종(재배 종 제외)들이 대표적이다. 이들은 모두 땔감, 식량, 약(藥), 주거, 도구 등으로 이용되었고, 오늘날까지도 그 습속이 전한다. 인류 최초 약으로 인식되는 진달래 종류가 우리나라 중부지방 청원 두루봉의 후기구석기 제7층의 유적에서 발굴된 적이 있다. '참꽃나무겨우사리'라고도 부르는 꼬리진달래인데, 선사인들의 약으로 쓰였을 것으로 짐작한다. 백두산 지역의 백산차처럼 강한 향기가 있는 상록의 허브자원이기에 선사인들이 주목했을 개연성이 매우 크기 때문이다.

역사시대로 진입하면서 가야, 삼국, 통일신라, 고려, 조선에 이르기까지 인구증가와 더불어 자연 생태계는 더 많은 인간간섭을 받게 됨으로써, 우리나라 녹색 환경도 대부분 이 시기에 자연식생에서 이차식생으로 바뀐 것이다. 근대적인 자연 보존과 지속가능한 이용을 위한 노력은 조선 중후기에 비로소 시작한다. 자연생 소나무를 잘 보호하고 육성하고자 하는 삼림 규정집이라 할 수 있는 송금사목(1788)이 한 사례이다. 삼림 행정기구, 관리, 산지기, 그리고 백성에 이르기까지 소나무에 대한 보전과 관리의 행동 지침을 한글로 기록했다. 하지만 그로부터 100여년이 경과한 1900년대 초 우리나라 산야는 대부분 벌거숭이 상태인 것으로 당시 사진 자료를 통해 확인 할 수 있다. 더욱 급격히 진행된 인구 증가로 산지의 삼림 황폐화를 가속시킨 결과로 보인다. 에너지원으로 오직 산에서 나는 나무에만 의존했기 때문이다. 조선시대 말인 20세기 초에 1천2백만의 인구가, 20세기 중반 일제강점기 때에 2천4백만으로 증가한다. 하지만 가정용 땔감은 여전히 산에서 벌채해서 구하는 방법 이외는 어떤 대체 에너지도 없었다. 때문에 급경사 일부 산지를 제외하면 어디에서도 울창한 숲을 기대할 수 없는 상황이었다. 이런 상황은 해방 이후 1960년대에 땔감을 대신해서 무연탄이 공급될 때까지 계속되었다.

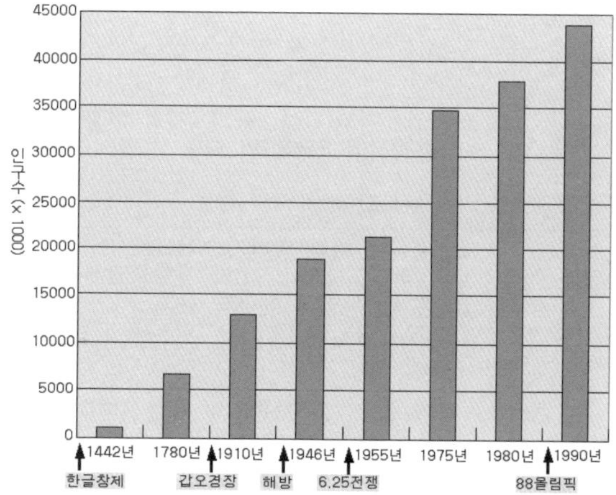

[그림 56] 우리나라 인구 변천사 (자료: 윤, 1992).

한편 사람이 접근하기 어려운 깊은 산악지대와 오지에 잔존했던 자연림, 예를 들면 태백산맥과 압록강 유역과 심지어 울릉도에 잔존했던 울창한 삼림은 일제 강점기동안 일본에 의해 완전히 수탈당하고 말았다(그림 57). 청일전쟁과 러일전쟁에서 승리한 일본제국은 마침내 압록강 벌목공사(1908년)를 설립하고, 압록강 벌목권을 차지한다. 한반도 전역에 걸친 36년간의 삼림자원 수탈은 우리나라의 자연 생태계의 잠재성을 가히 유린할 정도였고, 이 때에 한국 범(호랑이)도 멸종위기에 내몰린 것이다.

[표] 우리나라 생태계에 미친 자연적 문화적 영향 요소

식생 영향 요소		특성	개요
자연적 요소	국토면적	좁다	약 100,212km^2(국토해양부 2011)
	지사	노년기	상대적으로 낮은 해발고도(한반도 내의 최고 해발고도 지리산의 1,915m)와 다양한 지질 복합체
	빙하기	제한적	제한된 공간 영역에서 상대적으로 짧은 기간 동안의 빙하와 만년설의 영향
	기후	대륙성	수분스트레스, 느린 식생 회복, 산불 취약성
문화적 요소	일제 강점기	전국적	삼림벌채와 각종 영림 사업 (아까시나무 사방 조림 등)
	한국전쟁	전국적	물리적 파괴(산불, 붕괴, 지형 변화 등)와 산화적지(山火跡地)의 대량 발생
	빈곤	1970년대 까지	땔감과 산나물 채취 등
	산업화	1970년대 이후	생태계에 대한 과학기술적 물질 대상화(materialism)와 산업화로부터의 전통 숲 문화의 훼손과 붕괴
	인구밀도	489명/km^2 (국토해양부2011)	1960년대 이후 급격한 증가와 지나친 토지 개발 니즈
	심원생태	지속적	자연 습속, 토착신앙 및 유불선儒佛仙 전통으로부터의 심원생태 요소의 혼재와 부분적이지만 극적인 계승
	방목	제한적	부분적인 가축형 방목문화

本編ハ本府囑託理學博士中井猛之進ノ欝陵島植物調査報告書ニシテ學術並産業上參考ニ資スヘキモノアルヲ以テ印刷ニ附ス

大正八年四月

朝鮮總督府

[그림 57] 조선총독부의 울릉도 자원 조사(Nakai, 1919). 학술과 산업에 정보를 제공한다는 빌미로 한반도 전역에서 식생 자원이 수탈되었으나, 과거사 정리 차원에서 한일 간에 아직까지 단 한 번도 협의된 적이 없다. 이 보고서에서는 일본 지명 다케시마(竹島)가 울릉도 및 그 부속도서를 포함한 총칭으로 기록했다. 즉 다케시마(竹島)는 독도를 지칭하는 지명이 아니었음을 분명하게 드러내는 역사적 기록이다. 1919년 울릉도식물조사보고서는 동경제국대학 나카이 식물학 박사가 조선총독부에 공식적으로 보고한 학술보고서이다.

해방이후에도 주택 난방용 땔감으로 삼림 벌채는 1960년대 후반까지도 계속되었다. 결국 현재의 녹색 자연에 대한 가장 치명적인 영향으로 작용한 역사적 사건은 36년간의 일제강점기와 해방 직후 발생한 6.25동란에 의한 국토의 초토화라 하겠다(표 참조). 이러한 역사적 사실과 비생태적인 삼림벌채 방법인 면도하듯이 벌채하는 모두베기(개벌)는 한반도 자연생태계의 기반을 황폐화하는 결정적 요인이었다. 오늘날 한반도에서 수많은 포유동물(범, 늑대, 여우 등)이 절멸한 것은 바로 그들이 살만한 서식공간이 사라졌기 때문이다. 우리나라에서 약 100여년에 걸친 자연생태계에 대한 집약적이고 지속적인 반생태적(反生態的), 반자연적(反自然的) 교란 행위는 광범위한 생물 서식처를 유린해 버리는 생태적으로 고립된 섬을 만들게 되었고, 우리나라 생물다양성의 잠재력을 원초적으로 저하하게 하는 원인이 되고 말았다.

[그림 58] 울릉도의 섬피나무 거목(巨木)(Nakai, 1919). 조선총독부의 한반도 식물자원 조사의 일환으로 울릉도에 대한 식물자원 조사가 이루어졌다. 조사보고서에는 울릉도 저동 뒷산의 섬피나무가 사람 (좌측 하단 원형 속)의 크기와 비교하여, 흉고둘레 7.5m, 높이 30m에 이른다고 기록되어 있으나, 현재 그러한 큰 나무는 존재하지 않는다.

한편, 현재의 우리나라 녹색 자연은 1960년대 이래로 시작한 치산녹화사업과 입산금지와 같은 적극적인 자연 회복 시책에 잇닿아 있다. 1970년대 이후 경제 성장에 따른 아궁이 개량과 대용연료의 개발과 지속적인 입산금지 등의 시책으로 산지녹화는 녹색혁명이라 일컬어질 만큼 성공적이었다. 하지만 녹화 목표를 성취하고자 성급히 실시된 획일적인 단순 조림 정책은 많은 문제점을 낳았다. 미루나무종류, 아까시나무, 사방오리나무, 리기다소나무 등등의 외래수와 속성수와 경제수 측면만 고려하면서 우리나라 자연 생태계에 궁극적으로 기여하는 바는 제한적이고, 심지어는 식생발달과 천이라는 측면에서 도움이 되지 않았다. **게릴라 번식**을 주로 하는 아까시나무는 시간이 지나더라도 자연식생으로의 천이를 지체하거나 방해하고, 리기다소나무 조림지는 솔숲처럼 보이지만 한국의 자연 생태계의 고유 생물다양성을 지지하는 서식처 기능이 아주 제한적이었다.

또한 그러한 획일적인 조림과 대규모 식재는 자연림보다는 수자원 관리에 불리하고, 산불에 대한 저항도 무척 취약하다. 단순 **조림지**는 야생

생물들의 서식에도 무척 불리하다. 먹이자원이 빈약하고 은신할만한 숲 구조도 아니기 때문이다. 그렇잖아도 경제발전으로 국토 전체에 도로망이 거미줄처럼 발달하면서 녹색 공간은 대부분 조각조각으로 **파편화**되어 있다. 야생생물의 기반으로써 온전한 **자연림**의 보존이 한층 더 중요해지는 대목이다. 그럼에도 국립공원 지역이나 자연생태계 보호지역을 관통하면서, 최근에는 더 깊숙한 곳까지 더 넓은 도로나 케이블카를 건설하는 추세에 있어서 무척 우려스럽다.

도움글

게릴라 번식 : 식물이 생육면적을 확장해 가는 침략 전략(invasion strategy)을 침투(infiltration), 밀집(phalanx), 게릴라(guerrilla) 전략의 세 가지로 나눈다(Wilson & Lee, 1989). 대부분의 식물들은 꽃피고 종자를 생산하여 생육면적을 넓혀 가는 침투 전략 범주에 속한다. 밀집이나 게릴라 전략은 영양성장으로 주로 번식한다. 라메트(뿌리나 줄기로부터 바로 새끼를 만들 수 있는 부분)의 형태적 발달에 의존하는 식물들이다. 지하나 지상으로 포복하는 줄기를 가지는 식물은 게릴라 전략으로, 이웃 식물들의 영역 속을 파고든다. '띠'는 밀집전략이고, 계류 물가에 사는 '달뿌리풀'은 게릴라전략으로 살아간다. 이들은 뿌리의 일부분만이라도 남아 있으면 살아남는다. 아까시나무도 그런 특성을 지니고 있다.

달뿌리풀의 뿌리

파편화(fragmentation) : 생물 서식처가 조각조각 나는 현상이다. 삼림지대를 가로지르는 무분별한 도로 건설은 삼림생태계를 두 덩어리로 가르게 되고, 본래의 삼림 면적을 크게 두 개의 파편으로 나뉘게 된다. 결국 야생생물들의 서식처 면적이 좁아지고, 그 이동이 방해를 받는다. 근친교배나 먹이 자원의 부족 등 여러 가지 생태적으로 불리한 현상이 발생한다. 오늘날 우리나라 생물다양성 위협의 최대 원인은 서식처 파편화에 있다. 4대강 보 또한 서식처 파편화를 초래하는 결과를 낳았다. 강 속에 만들어진 거대 호수는 포유동물의 이동을 가로 막는 장벽으로 작동하기 때문이다. 우리나라 자연환경 조건에서 4대강은 겨울 동안 얕은 수심을 유지하면서 포유동물의 이동(유전자 교류)이 보장하는 것이 본래 모습이다.

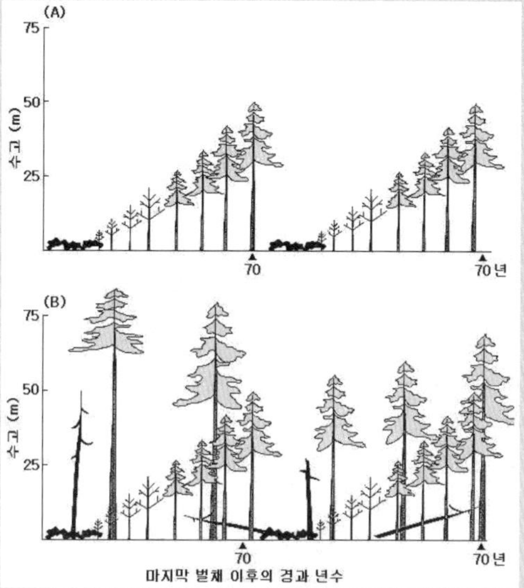

[그림 59] 지속가능한 삼림 벌채(Hansen *et al.* 1991). 전통적인 삼림 벌채 방식(위) 보다 생태적 관리 차원에서의 벌채 방식(아래)이 서식하는 생물들에게 충격을 적게 준다. 생물다양성 보존에서 훨씬 유리하다.

자연림, 조림지:

[표] 인공 조림지와 자연림의 장단점

가치	조 림 지	자 연 림
오늘날까지의 임업 경제적 측면	유리	불리
생물다양성	매우 단순함	매우 풍부함
자연 자원	단순하고 빈약함	다양하고 풍부함
관광 자원	비약함	풍부함
자연재해 및 인공재해에 대한 저항력	매우 약함	매우 강함
재해 후의 회복능력	약함	강한
잠재적 가치	매우 빈약	매우 풍부

이 생각 저 생각

아까시나무의 변두리 문화

우리나라 사람들이 늘 보는 식물 가운데 하나는 아까시나무(일명 아카시아)이다. 사람이 사는 마을이나 도시 근교 야산에 가장 많이 식재되어 있다. 아까시나무는 북미 원산으로 일제강점기 때 들어왔다. 우리나라에서 아까시나무는 비교적 수명이 짧은 편으로 50여년 이상의 수령이면 쉽게 쓰러진다. 그럼에도 결코 사라지는 법이 없다. 질소(뿌리혹박테리아와 공생)와 빛을 편식하고, 종자 번식도 잘 하지만, 뿌리에서 직접 새끼를 만들어 내는 게릴라 번식 능력이 탁월하기 때문이다. 아까시나무는 어미로부터 300미터 떨어진 곳까지 뿌리 일부분이 발견된다. 물리적으로 원줄기를 베거나 화학적인 제초제를 뿌려도 이듬해 더 많은 줄기를 내어 그루터기에서 다발을 만드는 맹아력이 우수한 끈질긴 식물이다. 아까시나무가 우세한 숲 속 바닥에는 귀화식물들도 흔하다. 본래 아까시나무는 사방용, 목재용, 철도침목용 따위로 널리 식재되었으나, 지금은 넓은 면적에 걸쳐 퍼져나갔다. 특히 마을이나 도시 주변 야산에서 아까시나무는 더욱 번성한다. 북한에서는 생활력이 강하고 강한 맹아력으로 땔감용으로, 꿀벌의 양봉으로 유익하다면서 이르는 곳마다 아까시나무 숲을 조성할 것을 독려한 적 있다. 그러나 우리나라 사람들은 이 땅에 살기 시작한 선사시대 때부터 즉 아까시나무가 없었을 때에도 땔감을 얻고 꿀도 먹었기 때문에 굳이 우리나라 생태환경에 적합하지 않는 북미산 아까시나무를 고집할 이유는 없다. 대기오염(특히 NOx)에 의한 토양의 질소화 및 산성비로 척박해진 도시나 농촌의 인가(人家)주변 아까시나무 숲정이라도 서서히 고유 식물자원으로 대체되는 것이 바람직하다. 고유 식물이 살만한 서식처 조건을 배려해주면 된다. 잘 보존된 토양이나 숲에서는 아까시나무가 살지 못한다. 아까시나무는 어릴 때에도 늙었을 때에도 어두운 것을 싫어한다. 고유 식물이 번성할 수 있도록 서식처를 보존하는 길이 생태적 해결책이다. 최근에는 도시 하천 속에 아까시나무가 자주 출몰한다. 하천 물길에 대한 심한 인간간섭 때문이다.

상처 입을 수록 왕성하게 맹아를 만드는 아까시나무 그루터기

3. 자연 보전 의식

- 우리가 사는 주위 환경은 곧 자연이다.
- 자연의 모든 구성요소들은 서로 이어져 있고, 그 이음이 건전할 때 우리 모두는 건강해진다.
- 생태관광은 토착민, 토착생물, 토착생태계 모두를 존중하는 여행이다.
- 생태계 교란으로부터 알아차린 가이아가설은 동양적 자연관과도 통한다.

경제 발전으로 생활수준이 향상되면 여가 문화는 새로운 양상으로 나타난다. 경제적 극대화로 말미암아 자연훼손의 속도와 내용도 매우 급진적으로 일어난다. 거기다가 전 국민의 약 80%가 도시 지역에 거주함으로써 자연에 대한 녹색갈증(biophilia)은 더욱 증폭되고 있다. 1970년대의 **그린벨트**정책과 1990년대의 엄격한 **국립공원** 시책(휴식년제, 취사금지, 입장료 인상 등)은 보복적 녹색갈증 해소에 대응하는 국토관리 정책으로 도입되었다. 그럼에도 사회·경제적인 여가 양상의 변화(해외여행의 증가, 여가 활동의 다양화 등)에 힘입어 자연지역 대한 탐방객은 꾸준히 증가하면서 급기야는 국립공원 속에 케이블카 설치를 주장하기도 한다. 그린벨트도 조금씩 서서히 그 공간 면적이 축소되고 있다(그림 60).

우리나라 주요 국립공원의 탐방객 수는 해마다 증가한다. 이러한 탐방객의 증가는 도로의 확장과 확충을 필연적으로 수반한다. 새로운 대규모 위락시설의 개발과 등산로의 확대 및 확충으로 자연공원 속에서 또 다른 생태적 파편화가 일어나고 있다. 야생 생물의 서식은 점점 더 불리해지고, 생물다양성의 단순화는 더욱 심화되는 형국이다. 실제로 88올림픽 이후 20세기 후반에는 관광 시설 및 도로 개설로 매년 약 1만 헥타르의 산지가 개발되었다. 지리산국립공원을 관통하는 성삼재 도로가 건설되면서 이 지역의 탐방객 수는 더욱 급격한 증가를 보였다. 이것은 도로가 탐방객 증가를 또다시 유도한다는 것을 말한다. 계룡산, 북한산, 무등산 국립공원과 같이 대도시 가까이에 위치하고 있으면서 주변 도로 사정이 양호한 국립공원일수록 그 정도는 더욱 심각하다. 이런 현상은 더욱 멀리 떨어져 있고 외진 곳까지 확대되고 있는 실정이다. 본래 국립공원은 국제자연보존연맹(IUCN)이 정한 엄격한 보호와 생태적 관리가 요구되는 범주 [II]에 해당하는 보호지역(protected areas)이다. 지역의 자연환경 속에 표준이 되는 생태계를 포함하고, 지역의 환경조절과 자연자원의 유전자 보전과 유역보전과 홍수조절 등에 결정적 역할을 감당하는 지역이 국립공원이다.

국립공원과 같은 자연 야생지역에서는 더욱 자연친화적이면서 선진형 관광이라 할 수 있는 진정한 **생태관광**이 유리하다. 생태관광은 21세기형의 지속가능한 관광의 형태로 과거의 소모적이고 유희적인 관광과 다르다. 탐방하는 지역의 자연생태계를 체험적으로 학습하고, 현대인의 자연에 대한 지적 갈증을 해소하는 수단이기도 하다. 국민소득 1만5천불 이상의 선진국에서 이미 인기 있는 관광 행태로 단순한 유희 관광을 넘어서는 지적 관광이다. 특별한 주제나 스토리텔링을 찾아 체험·탐방을 가능하게 함으로써 지속적인 경제 수익이 보장되는 것이 생태관광의 장점이다.

이와 같은 관광 패턴의 변화는 사회경제적 여건 변화에 따라 여러 가지 다른 양상으로 나타난다. 이런 변화는 자연에 대한 사람들의 인식에도 영향을 미친다. 결국 시대에 따른 가치관의 변화는 한반도의 자연경관과 그 구성 요소에도 크게 도움이 될 수 있다. 우리가 사는 주위 환경은 곧 지구 자연이고, 그 자연의 모든 구성요소를 하나의 생명그물로 인식하면서, 그 요소들은 수많은 연결 고리(環)로 연속적 이음(境)에 의해 균형을 유지한다."는 것이 처음부터 우리가 지녔던 동양적 자연관이다.

가이아가설이 소개된 1970년대의 유럽 선진국에서는 산업혁명 이후 계속되는 경제발전과 개발에 의해 생태계 오염과 파괴는 심각한 사회적 문제로 대두되었다. 환경 파괴로 인한 인간 생존의 심각성을 본격적으로 인식하는 계기를 맞이하였던 것이다. 등뼈 굽은 물고기가 출현하고, 물고기 떼죽음 사건이 발생한 1975년 전후의 라인강은 물 속 산소량이 최저치인 약 40%였다고 한다. 일본 남부 큐슈에서는 이따이이따이병의 원인이 되는 수은이나 카드뮴과 같은 중금속 양이 3.5mg/L의 최고치를 나타내는 인류 역사상 최악의 환경 재해를 경험하였다. 이런 가운데 등장한 가이아가설, 즉 '지구를 하나의 살아 숨쉬는 유기체'로 인식하는 지구과학적 가설은 큰 반향을 일으킬 수밖에 없었다. 가이아가설도 넓게는 동양적 자연관과 본질적 맥락은 같다. 인간중심적 자연관에서 비롯하는 일방적인 자연의 희생과 이용, 즉 대상화(Materialization)는 지구환경의 수용범위를 초과할 뿐이었다. 결국에는 어떠한 개발도 지구환경의 수용범위 틀 속에서 자연 생태계와 조화를 이룰 때에만 인류의 지탱가능한 번영이 보장받을 수 있다는 것이다.

도움글

국립공원(national park) : 일반 공원(어린이 공원, 묘지공원, 도립공원 등)과는 달리, 국가재정으로 관리하는 그 나라의 자연 생태계와 경관의 대표성을 갖는 최고의 자연 생태계 지역을 국립공원으로 지정한다. 국립공원은 가장 엄격히 보호하고 관리되는 보호지역(protected areas)이다. 우리나라에는 2023년을 기준으로 23개의 국립공원이 있다. 그 가운데 해상국립공원 4곳과 사적 국립공원 1곳(경주), 그리고 18곳의 산지성 국립공원(지리산, 설악산, 오대산 소백산, 월악산, 치악산, 속리산, 덕유산, 내장산, 계룡산, 가야산, 월출산, 주왕산, 북한산, 태백산, 무등산, 팔공산, 한라산)이 있다. 1872년 미국의 옐로스톤국립공원이 세계 최초 국립공원이며, 우리나라는 1967년 피아골을 중심으로 약 440.5km^2 면적을 지리산국립공원으로 처음 지정하였다. 세계 7 대 생물자원 부국(富國)은 G-7 선진국에 비하여 보호지역의 면적이 넓다. 개인 및 국가적 이익을 초월하는 지구 생태계의 건전한 이용과 보전을 위해서는 보다 넓은 면적의 보호지역 설정과 그 목표의 성취가 필요하다. 우리나라도 꾸준히 국립공원과 같은 다양한 보호지역의 지정을 넓혀가고 있다. 하지만 그런 새로운 자연 생태계 지역의 보호 노력과 더불어서 기존의 국립공원지역에 대한 더욱 엄격한 관리도 병행되어야 한다. 최근 불거지고 있는 설악산국립공원 내에 케이블카 설치 계획은 그런 측면에서 재고되어야 한다. 특히 설악산국립공원 산정부에는 빙하기 이래로 잔존해온 눈잣나무군락이 분포한다. 이 눈잣나무군락은 우리나라에 오직 한 군데, 이 설악산 산정부에만 좁은 면적으로 잔존한다. 자칫 인간간섭으로 사라질지도 모르기 때문이다.

그린벨트(greenbelts) : 산업경제가 급속도로 발전하던 1971년에 도시 지역의 수평적 팽창을 억제하기 위해 영국으로부터 도입한 제도이다. 전국 주요 시·군 주위에 설정되어 있다. 지역 주민의 생활 편익을 위해 약간의 개발 사업이 가능하도록 그 규제가 완화되고, 그 공간적 범위를 축소하려는 정책적 접근이 꾸준하게 요구되고 있는 실정이다. 한편으로 우리나라의 부족한 녹색 환경과 특히 인구밀집 도시 지역에서의 제한된 녹지대를 고려한다면, 그린벨트의 생태계서비스(ecosystem service) 기능을 고려한 공익적 가치를 놓쳐서는 아니 될 것이다.

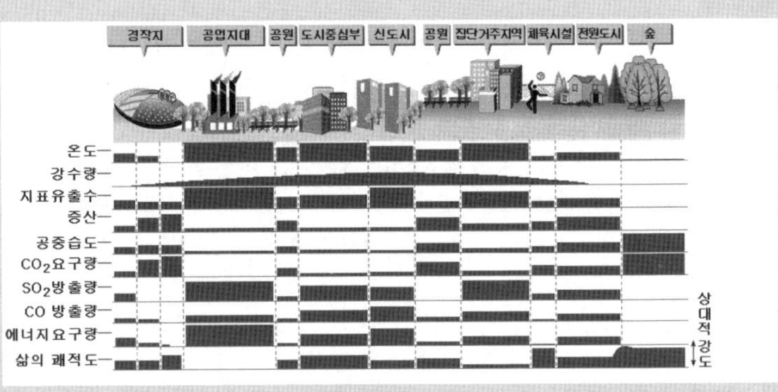

[그림 60] 대도시 주변을 둘러싸는 그린벨트의 녹지 공간은 도시 지역의 기후 완충과 삶의 쾌적도 증진에 크게 기여하는 공익적 가치를 갖는다(그림: Heinrich *et* Hergt, 1992).

생태관광(ecotour) : 자연 생태계에 대한 직간접적 체험을 통해 자연의 신비에 대한 관광객의 지적갈증과 녹색갈증(biophilia; Wilson, 1984)을 충족하는 21세기의 선진 관광이다. 생태관광의 경제적 규모는 이미 1991년에 120억 달러에 달했으며, 그 시장 규모는 나날이 급속도로 증가하고 있다. 생태관광은 자연 생태계를 파괴하고 생태계 기능을 방해하는 생태테러리즘(ecoterrorism)에 대응되는 자연친화적인 관광 패턴이다. 그럼에도 생태관광이란 용어만 덧칠되어 여전히 또 다른 유희관광으로 변질되는 경향이 있다. 생태관광의 기본 정신은 토착민과 토착생물과 토착생태계에 대한 존중이고 배려에 있다.

가이아가설(Gaia hypothesis) : 지구 생태계 속에서 생물적, 물리적, 화학적 구성요소가 대기권과 기후 특성을 조절하는 하나의 초생물체(superorganism)로 보는 가설이다 (Lovelock, 1972, 1988). 지구 생태계의 항상성을 바탕으로 하는 생태철학이다. 하나의 생명 시스템처럼 지구의 모든 생물지화학적 작용의 통합된 얼개에서 지탱 가능하다는 지구 생태계의 본질이다. 결국 라오쯔(老子) 사상에 근접하는 동양적 자연관의 거시적 틀 속에 있다.

이 생각 저 생각

도시 주변 녹색지대의 천박한 개발의 후유증

(1999년 크리스마스날, 조선일보 사설에서)

그린벨트, 군사보호지역 등 각종 토지이용 규제 제도가 지역개발 욕구와 민원에 밀려 마구 무너지고 있다. 대도시 주변의 그린벨트가 드디어 해제되기 시작했고, 군사보호지구도 무더기로 풀리고 있다. 이런 와중에 국회는 '접경지역개발법'을 통과시켰으니 남(濫)개발 드라이브가 드디어 비무장지대까지 뻗칠 판이다. 그린벨트 해제는 이미 예고된 것이지만 이번의 건교부 조치는 가히 파격적이다. 경기도 시화공단 외곽의 그린벨트 282만평을 완전히 해제하기로 했고, 수도권 등 대도시 주변 114개소의 그린벨트를 우선해제 대상지역으로 선정해 내년 중 해제할 예정이다. 이번에 해제대상에서 빠진 지역도 광역도시계획이 마련되는 대로 추가 해제할 것이라니 이제 그린벨트는 완전히 형해화(形骸化)돼 버렸다. 그린벨트 해제의 속도와 규모가 이렇게 빠르고 큰 것은 내년 총선을 염두에 둔 정부-여당의 선심정책이라는 의심을 받기에 충분하다. 경기도가 도내의 군사보호구역 1500여만 평에 대한 각종 규제를 완화하기로 국방부와 협의했다고 발표한 것도 심상치 않다. 이번에 해제되는 지역에서는 지자체가 건축허가를 내주고 이를 군부대에 통보하도록 했으며, 군부대 주변의 고도제한도 대폭 완화했다. 경기북부 등에 설정된 군사보호 지구로 인해 주민생활이 제약을 받아온 것은 사실이지만 그것은 남북대치라는 국가안보 상황에서 어느 정도 불가피했던 것이다. 따라서 민원이 많이 제기된다는 이유로 별다른 대안도 없이 군사보호지구를 마구 해제한다면 그것이 우리 군의 대비태세에 부정적 영향을 미칠 것으로도 우려되는 것이다. 특히 이런 일련의 조치가 국가안보를 경시하는 풍조로까지 발전한다면 그것도 큰 문제가 아닐 수 없다. 토지 규제를 마구 풀어버림으로써 일어날 부작용은 불을 보듯이 뻔하다. 대도시 주변은 과(過)개발돼서 환경오염, 교통난 등으로 몸살을 앓게 될 것이다. 서울에서 북쪽으로 끝없이 이어지는 '러브호텔'과 음식점의 행렬은 이제 휴전선 아래까지 바싹 다가설 것이다. 비무장지대를 생태계의 보고(寶庫)로 보전하겠다고 우리 정부가 유엔에 한 약속은 헌신짝처럼 버려지는 셈이다.

정부가 환경보전은 안중(眼中)에도 없고 그저 선거에 대비해 지역개발과 민원해소에만 주력하고 있는 것이다. 이런 천박한 개발의 후유증은 모두 우리 후손들 차지니 한심할 따름이다.

4. 북한 녹색 자연

- 민들레 홀씨는 남북한 경계선을 넘나들면서 자유롭게 산포하며, 깨끗한 공기든 오염된 공기든 바람을 따라 어디로든지 확산된다.
- 남북한의 자연환경 및 생태계에 관련된 정보를 교류하고 실천하는 것은 모든 가치에 우선한다.
- 한반도를 우리의 지속가능한 삶의 터전으로 여긴다면 북한지역의 자연환경도 그 온전성과 고유성에 대해서도 관심을 가져야 한다.

1950년 이후 남북한 간의 유무형의 교류 단절은 한반도 전체 생태계 보전과 그에 대한 학술적 발전에 큰 손실이다. 생태계 연속성을 감안할 때, DMZ에 의한 생태계 통로의 차단은 쌍방 생태계를 취약하게 하는 주요 요인이 된다. 계속되는 학술교류의 단절은 용어를 포함한 많은 부분에 있어서 학문의 동질성을 희박하게 한다. 따라서 남북한 간의 공동체적 노력이 절실하다.

북한의 자연 생태계는 이미 무분별한 훼손과 과다한 자연자원 이용으로 크게 교란되고 있는 것이 각종 영상자료를 통해서 확인할 수 있다. 사회경제적으로 열악한 조건 때문에 삼림을 포함한 전체 자연생태계의 질적 쇠퇴와 교란은 심화되었고, 생물서식 공간뿐만 아니라 멸종위기 생물종의 수적 증가로 이어지고 있다. 저성장 경제구조에서 발생하는 생태계 문제에 대한 올바른 이해와 적절한 보전전략의 모색이 필요하다.

북한의 삼림은 특별보호림(백두산 아고산 자연초원지대 포함)과 일부 산림을 제외하고는 전반적으로 어린 이차림 구조이다. 그 만큼 삼림에 대한 "간섭이 빈도가 크다."는 것을 의미한다. 삼림 대부분은 경제난으로 집약적인 인간간섭을 경험했다. 삼림벌채 이후 나지로 방치한 입지에서는 토사유출로 입지의 잠재력 손실도 막대하다. 토지의 생산성 쇠퇴는 식량생산의 잠재적 손실로 이어진다. 무리한 경사지 개발(다락밭과 뙈기

밭개간)과 삼림 불량화(땔감부족으로 인한 남벌)는 호우 때마다 산사태와 토사유출을 유발시켜 하천 범람에 의한 상습적 수해가 발생한다. 주변지역과 상류 산악지역에 대한 삼림생태계의 신속한 복원은 필수적이다. 한때 금강산 관광의 길이 열리면서 제한된 지역이지만 금강산의 삼림현황이 알려지고 있다. 장전항 부근 산이 대부분 다락밭으로 개간되었고, 주위의 높은 산지도 연료채취로 벌채되어 민둥산 상태이다.

북한의 뙈기밭

북한의 경제난은 땅의 잠재력마저 잃게 한다.

하지만 국가적으로 보호하는 숲도 있다. 특별 관리되는 혁명전적비 및 사적지를 보존하기 위한 특별보호림이 대표적이다. 그 밖에 위생풍치림, 수원함양림, 사방림, 방풍림, 교통보호림, 호안림(하천둑 보존숲), 어부림(물고기 서식지 보호림), 학술연구림 등이 지정되어 보존되고 있다.

북한은 자연생태계를 보존하고 희귀한 동식물이 분포하는 경치가 수려한 곳을 「자연보호지구」로 지정하여 보호한다. 우리나라의 국립공원에 대응되는 보호 구역이다. 1959년 3월 내각결정 제29호로 백두산과 오가산 일대가 처음 지정된 이래 묘향산, 구월산, 금강산, 칠보산 등 여러 곳을 **자연보호지구**로 지정하였다. 이들 자연보호지구 이외에도 북한은 동물 및 식물 보호지구, 바닷새보호지구 등을 지정하여 보호하고 있다.

그 밖에도 자연 생태계 보전을 위한 대국민 계몽에 관련한 노력들이 1960년대 초반부터 나타나기 시작한다. 북한의 자연생태계 보전 활동을 선도적으로 추진한 북한자연보전협회(Korean Association for Conservation of Nature; IUCN 회원국, 1965)를 들 수 있다. 이 협회는 격월간 '원림'(한글판)이란 주민용 잡지와 계간으로 'Korean Nature'(1965)라는 외국인용 영문잡지도 발행하였다. 1968년 이후부터 자연생태계 관련 순수 정보보다는 정치 홍보적 내용을 전하는 질적 변화가 있었다. 심지어 게재된 동식물의 사진 재료는 연출된 합성사진도 들어 있다. 제도권 교육으로 초등의 '자연학습실', 중등의 '생물학습실'을 운영하고, '소년소녀 녹색대'를 결성하여 도시와 농촌에서의 환경보전을 위한 계몽과 식수운동을 전개하기도 하였다. 매년 4월 첫째 주 삼림의 날, 식목행사(1968년 처음 등장)도 시행한다. 20세기 말에는 '백두산 일대에 퍼져있는 범과 같은 동물자원들이 급격히 줄어들고 있다'는 뉴스를 노동신문이 전한 바 있다. 체계적인 생태계 관리부족과 주민들의 남획행위 등으로 희기 동식물이 멸종위기에 직면해 있음을 암시한다. 결국 유용동물의 특성·보호절차와 방법, 보호사업에 대한 지도, 물질적 보장, 과학적 연구 등의 내용을 규제하는 '유용동물보호법' (1999년)을 제정하였다. 북한은 학술용어에서는 한글화의 시도가 역력하다. 영어를 번역한 일본식 명칭을 그대로 사용하는 우리와 다른 점이다.

[표] 남북한 식물 용어 및 동물명의 비교

식물 용어		동물명	
남한	북한	남한	북한
일년초(一年草; annual)	한해살이풀	청설모	청서
다년초(多年草; perennial)	여러해살이풀	하늘다람쥐	날다라미
관목(灌木; furtex)	떨기나무	집쥐	짧은꼬리집쥐
교목(喬木; arbor)	키나무	뒤쥐	첨서
침엽수(針葉樹; coniferous tree)	바늘잎나무	붉은박쥐	오렌지웃수염박쥐
상록수(常綠樹; evergreen tree)	사철푸른나무	뿔박쥐	관코박쥐
낙엽수(落葉樹; deciduous tree)	잎이지는나무	담비	산달
활엽수(闊葉樹; broadleaf tree)	넓은잎나무	산달	누른돈
수피(樹皮; bark)	나무껍질	백두산사슴	누렁이

북한의 자연환경 훼손은 사실상 경제적 궁핍과 **사회적 배경**으로부터 비롯한다. 벌거숭이 산야 경관모습은 19세기말부터 그대로 진행되었다. 특히 땔감과 다락밭 조성으로 산지 생태계는 크게 훼손되었고, 민둥산이 광범위하게 펴져 있다. 산지의 잠재적 회복 능력마저도 유린된 상태의 지역이 넓게 분포한다. 향후 북한 경제의 회복과 북한 사회의 변화는 북한지역의 개발 압력을 더욱 가중시킬 것으로 보인다. 이미 우리가 경험한 바가 있는 1960~1970년대의 반환경적(反環境的) 개발정책에 의한 자연 생태계의 질적 쇠퇴가 예측되기 때문이다. 백두산, 묘향산, 금강산, 칠보산 등은 이미 자연보호지구로 설정되어 있으나, 수려한 경관과 건전한 자연생태계를 이용할 관광특구 개발이 진행되고 있다. 미래의 개발은

한반도 자연환경의 온전성과 고유성을 유지하면서 지속가능한 삶의 터전으로 보장하는 범위 내에서 이루어져야 할 것이다.

백두산

도움글

북한의 자연보호구:

- 백두산 자연보호지구 – 양강도 삼지연군 서북부에 위치하며 약 150만 년 전에 화산 활동으로 생긴 산이다. 면적 165,527ha, 해발 2,750m의 장군봉(42° 07'N, 128° 05'E)을 정상으로 중국과 국경을 이루고 있다. 북한의 백두산 일대는 1979년 11월에 중국 쪽에서는 1960년 4월에 각각 UNESCO 세계생물권보전지구로 지정하였다.
- 오가산 자연보호지구 – 낭림산맥(평안북도)에 위치하며 다섯 개의 아름다운 봉우리가 서로 조화를 이룬다. 최고봉 운동령(1334m)을 중심으로 우수한 자연생태계(1400ha)가 보존되고 있다. 한반도 중부 이남에서 자라는 조릿대, 나도파초일엽, 주름고사리와 같은 남방계 식물의 북방한계자원으로 보호하고 있다. 이 지역의 조릿대를 '후창조릿대군락 식물보호구'로 설정, 천연기념물 38호로 지정하였다.
- 묘향산 자연보호지구 – 평안북도 향산군과 자강도 희천시, 평안남도 영원군의 경계상에 위치한다. 낭림산맥 서단에 위치하며 비로봉(1909m)을 중심으로 9,737ha에 걸친 보호구역이다. 연평균기온 5.5℃, 연강수량 1300mm의 대륙성 기후의 전형을 보여준다. 비로봉 정상에는 눈향나무, 눈잣나무, 누운측백나무, 노란만병초, 들쭉나무 등 고산식물이 분포하면서 식물지리학적 가치가 높은 지역이다.
- 구월산 자연보호지구 – 대동강 하구 남쪽의 황해남도 은율, 온천, 안악, 삼천군 등 4개 군의 경계지점에 위치한다. '서해의 금강'이라고 하며, 해발 954m의 사향봉이 있다. 이곳에는 북방계 식물과 남방계 식물들이 함께 분포하고, 한반도 특산식물인 검팽나무와 만리화가 분포한다.
- 금강산 자연보호지구 – 강원도 고성군, 금강군, 통천군 지역의 일부에 걸쳐 위치하는 금강산은 비로봉(1,638m)을 비롯하여 50여개의 큰 봉우리들이 태백산맥의 분수령을 이루고 있다. 내금강은 비로봉을 중심으로 서부지역, 외금강은 태백산맥의 금수봉, 선창산, 온정령, 월출봉, 안무재령, 차일봉, 백마봉 등을 이은 분수령의 동쪽 지역, 해금강은 외금강의 동쪽에 있는 삼일포를 비롯한 해안지대이다. 금강초롱과 금강국수나무는 금강산에서 나는 희귀한 고유특산식물로 북한의 천연기념물이다.
- 칠보산 자연보호지구 – 금·은·진주·산호 등 7종의 보석이 묻혀있다고 하는 칠보산은 함경산맥 동남부의 길주 – 명천지구대에 위치한다. 칠보산(906m)을 명승지 제17호 자연보호지구로 지정(1976년) 하고, 크게 내칠보, 외칠보, 해칠보로 구분한다. 화산활동으로 생겨난 칠보산은 백두산과 유사한 지질적

환경을 갖는다. 칠보산은 강수량이 가장 적은 지역으로 해발 500m까지 자동차로 접근이 가능하다. 산 중턱에는 넓은 평탄지형이 있어 특이한 자연경관 및 생태계를 가지고 있다. 정향풀, 파초일엽, 돌가시나무 등의 남방계 식물이 생육하고 있어 식물지리학적 가치가 큰 지역이다.

북한의 자연보호구

사회적 배경: 북한의 자연환경 보전과 복원에 대한 사회경제적 배경은 다음과 같이 정리된다.

- 침체된 국가 경제
- 일차적으로 자연자원(에너지-땔감, 식량 등)에 의존한 주민들의 전근대적 생활
- 자연 생태계에 대한 건전한 이용과 보전에 대한 주민 의식 부족
- 개방과 아울러 특정지역에 대한 제한적이면서 적극적인 개발 시도
- 정책 결정자들의 부족한 에코마인드(eco-mind)
- 생태적으로 건전한 개발에 대한 노-하우 부족
- 자연보호지구 이외에 모든 산지는 남벌로 인한 황폐화
- 북한 전역에 걸친 통합적이고도 구체적인 자연생태계 정보의 부족

이와 같은 북한 자연환경에 관련한 모든 문제는 이 시점에 그어져 있는 남북한의 경계선과 상관없이 일어난다. 민들레 홀씨나 철새는 그 경계선을 자유롭게 넘나들고, 깨끗한 공기든 오염된 공기든 바람을 따라 남북한 어디론가 확산된다. 한반도가 우리 민족의 지속가능한 삶의 터전으로 인정한다면 남북한의 자연환경 및 생태계 관련 정보의 교류를 실천하는 것은 모든 가치를 우선한다. 이것은 통일을 위한 준비이고, 공동체의 동질성과 영원성을 열어가는 지름길이다.

이 생각 저 생각

깃대종과 주체사상

죤 F 케네디는 '국민의, 국민에 의한, 국민을 위한'이란 한 구절의 유명한 연설을 통해 주체(主體)에 대해서 정의를 내렸다. 풀뿌리 민주주의의 주체는 그 땅에 저절로 그대로 어우러진 자연과 인간이라는 것을 의미한다. 땅은 모든 생명체의 삶의 터전이기에 그곳에는 그 지역의 기후와 풍토에서 장구한 세월을 통해 진화해 온 그 땅의 주인격인 녹색 식물이 있다. 식물 가운데에서 사는 곳이 까다롭기로 유명한 한 것은 '난(蘭)' 종류이다. 본래 난은 종류에 따라 독특한 삶터 환경을 요구하는 서식처 특이성을 갖는다. 그만큼 진화의 역사가 오래됨을 의미한다. 따라서 긴 진화의 자연 역사를 간직한 우리나라 자연 생태계에는 수많은 난이 산야에 분포한다. 사람 눈에 띄면 뿌리째 뽑혀 남획당하기도 하고, 과다한 농약 사용으로 인한 곤충의 감소로 꽃가루 수정 기회가 줄어들어 그 집단은 무척 희귀해졌다. 북한 땅은 급경사 산지에 다락밭이나 뙈기밭을 일구어야 할 정도의 자연 생육지 교란이 심각하여 야생난의 멸종 위기는 더더욱 심각하다. 백두산 아고산 지대에 숨어사는 '유령난' 정도가 겨우 그 명맥을 이어오고 있다. 그런데 북한 주민들이 가장 영광스럽고 축복의 날을 기념하는 꽃으로 '김일성화'라는 석곡속(屬) 난이 있다. 이 난은 "아열대 인도네시아 원산으로 한반도 자연 환경 조건 속에서 저절로 생육하는 야생(野生) 난이 아니다. 그래서 실내에서 잘 관리해 주어야 예쁜 꽃이 핀다"고 『평양식물지』 사백오쪽에 아주 굵은 고딕체로 기재되어 있다. 아쉬운 대목이다. 한반도 기후와 풍토에 저절로 나서 스스로 (自) 그대로 (然) 살고 있는 야생 난이 아니란 것이다. 주체라는 추상명사와 연결은 어색하다. 덴드로비움은 양지바른 창가에서 수분, 온도, 빛을 조절해주고, 사람의 도움으로만 그 명맥을 유지한다.

유엔환경계획(UNEP)에서 깃대종(flagship species)을 권고한다. 해당 지역으로부터 풀뿌리적이고도 주체적인 생물종을 선발하여 지역의 자연 생태계와 삶의 터전을 보전하고자 하는 수단으로 이용되는 종이다.

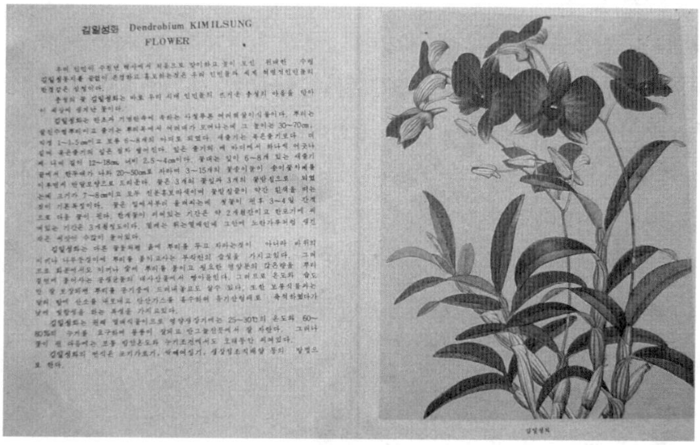
김일성화 Dendrobium KIMILSUNG FLOWER

덴드로비움

도운 자료, 도울 자료

구자건, 노융희, 이경재, 조희구, 조하만, 임정남, 최창조, 전경수, 임양재, 권숙표, 최광,

김정욱, 곽일천. 1996. 생태계 위기와 한국의 환경문제. 도서출판 뜨님. 서울.

구자건. 1955. 우리가 정말 알아야 할 환경상식 백가지. 현암사. 서울.

김석근(역). 1992. 주자의 자연학. 통나무. 서울.

김영진. 1992. 송금사목. 한국민족문화백과사전. 제12권. 한국정신문화연구원. 910쪽, 서울.

김용근. 1994. 우리들의 환경파수꾼. 푸른나무. 서울.

김용옥. 1990. 아름다움과 추함. 통나무. 서울.

김용정, 이선복, 허영록, 허권, 박성용, 김종원, 남화경, 조도순, 심숙경. 1996. 개발과 유산의
보존. 유네스코한국위원회. 서울.

김운근. 1977. 북한의 농 · 임업. 공보처. 127~139면.

김종원, 남화경. 한국을 포함한 세계 보호지역의 현황, 실태 및 보전노력. 개발과 유산의 보존
(유네스코한국위원회편). 177-208쪽. 서울.

김종원, 최청일. 1998. 한국의 자연사박물관. 한국생물다양성협의회. 서울.

김종원. 1991. 북한의 식물연구사정과 한반도의 자연. 과학과 기술. 24: 4~7면.

김종원. 1993. 우리 나라의 자연환경 현황 분석 연구. 한국환경기술개발원. 기술현황분석보고서.

김종원. 1995. 남북한 생태보전 협력방안. 민족과 자연 공동체 화해를 위한 1차 세미나 통일
시대의 남북 환경협력. 27~39면.

김종철. 1993~1999. 녹색평론 제8호~48호. 녹색평론사. 대구.

김 천, 최준수, 정강호. 1988. 위성 원격탐사자료를 이용한 북한 홍수피해 지역의 환경계측연구. 한국과학기술단체총연합회. 26~53면.
남영숙. 1995. 남북한 환경협력과 환경정책 통합방안 연구. 민족과 자연 공동체 화해를 위한 1차 세미나 통일시대의 남북 환경협력. 1~25쪽.
내외통신사. 1994. 북한鳥瞰. 251~277쪽.
노재식. 1994. 환경은 모두의 것인데. 도서출판 신새벽. 서울.
노혜숙(역). 1996. 지구를 살리는 50가지 방법. 현암사. 서울.
박혜숙, 박종관(역). 1995. 지구환경 문제란 무엇인가. 도서출판 뜨님. 서울.
북한관광요람편찬위원회. 1998. 북한 관광 요람 Ⅰ·Ⅱ. 한국문원.
북한연구소. 1994. 남북한 환경분야 교류 · 협력 방안 연구 : 다자적 · 양자적 접근. 민족통일연구원 연구보고서. 1~79쪽.
오구균, 이경재. 국립공원 개발사업 무엇이 문제인가? 국립공원을 지키는 시민의 모임 · 응용생태연구회. 서울.
유영옥. 1997. 환경학. 학문사. 서울.
유정아. 1998. 한반도 30억년의 비밀. 도서출판 푸른숲. 서울.
유정칠(역). 1999. 환경문제와 성경적 원리. 한국기독학생회출판부. 서울.
윤종주. 1992. 인구. 한국민속문화백과사전. 제17권. 한국정신문화연구원. 437~445쪽, 서울.
이도원(역). 1994. 생명의 보금자리를 가꾸는 생태학. 동화기술. 서울.
이도원. 1997. 떠도는 생태학. 범양출판사. 서울.
이두호, 박석순. 1994. 지구촌의 환경재난. 도서출판 뜨님. 서울.
이상돈. 1995. 지구촌 환경보호와 한국의 환경정책. 대학출판사. 서울.
이석호, 이철주, 임정대(공역). 1986. 중국의 과학과 문명Ⅱ. 을유문화사. 서울.
이우철. 1992. 남북한의 식물기재 용어 및 식물명 비교. 한국식물분류학회지 22: 69~89.
이정전. 1994. 녹색경제학. 한길사. 서울.
이창복. 1979. 대한 식물 도감. 향문사.
이필렬, 장영기, 강찬수, 신영철, 문순홍, 정수복, 조경만. 1995. 교양환경론(유네스코한국위원회). 도서출판 뜨님. 서울.

임경빈. 1993. 우리 숲의 문화. 재단법인 광림공사. 서울.
임경빈. 1993. 천연기념물(식물편). 대원사.
장 원. 1991. 사랑해요 지구아저씨. 김영사. 서울.
전경수. 1992. 똥은 자원이다. 통나무. 서울.
주강현. 1996. 우리 문화의 수수께끼. 한겨레신문사. 서울.
주기재. 1994. 지구촌의 환경파괴와 회복. 금정. 부산.
최석진, 김범기, 김종원, 유근배, 이도원. 1998. 고등학교 환경과학. 교사용 지침서. 대한교과서주식회사. 서울
최석진, 김범기, 김종원, 유근배, 이도원. 1998. 고등학교 환경과학. 대한교과서주식회사. 서울.
최창조. 1992. 땅의 논리 인간의 논리. 민음사.
한국교육개발원. 1995. 중학교 환경. 교육부. 서울.
한국자연보존협회. 1988-1998. 자연보존. 총 31권.
한국자연보존협회. 1993. 북한지역의 생태계 보호 관리 실태. 심포지엄 초록집.
한국환경기술개발원. 1996. 한국의 환경 50년사.
한국환경정책평가연구원. 1997. 생명가치와 환경윤리 학제간 연구. 서울.
한상훈. 1994. 북한의 포유류. 자연보존 86: 44~50.
환경부. 1998. 환경백서. 서울.

Begon, M., J.L. Harper & C.R. Townsend. 1996. Ecology: Individuals, populations and Communities. Blackwell Scientific Publications, Oxford.
Boratynski A. 1982. Herbarium Materials of Trees and Shrubs from the DPRK Collected in the Years 1978 and 1980. Foristica et Geobotanica 28:555-589.
Cox, G.W. 1993. Conservation Ecology. WCB, Oxford.
Di Castri, F. 1995. The Hierarchical Uniqueness of Biodiversity. In: F. Gros(ed.), Uniqueness and Universality in a Biological Word. IUBS Special Issue No. 33: 54-57. International Union

of Biological Sciences, Paris.

DPRK. Korean Nature. 1965-1974. Vol. 1~Vol. 28.

Ehrenfold, D. 1981. The Arrogance of Humanism. Oxford Univ. Press, New York.

Gates, D.M. 1993. Climate Change and Its Biological Consequences. Sinauer Associates, Sunderlnad.

Ham, S.H. 1992. Environmental Interpretation: A Practical Guide for People with Big Ideas and Small Budgets. North American Press. Golden.

Heinrich, D. & Hergt, M. 1994. Dtv-Atlas Zur Ökologie. Deutscher Taschenbuch Verlag.

Hoang H. 1986. The Temperate Forest Ecosystem : The Moss Flora of the Baektu Mountain Area. ITE Symposium 20: 29-31.

Houghton, R.A. & D.L. Skole. 1990. Carbon. In: The Earth as Transformed by Human Action(Turner et al eds.), p.393-408.

Kolbek J. & Kucera M. 1989. A brief Survey of Selected Woody Species of Narth Korea(DPRK). Prhonice. 66pp. Plus 125 Plates.

Meyer, W.B. 1996. Human Impact on the Earth. Cambridge University Press, Cambridge

Miler, K.R. 1996. Balancing The Scales: Guidelines for Increasing Biodiversity's Changes Through Bioregional Management. WRI.

Naveh, Z. & Lieberman, A. 1994. Landscape Ecology: Theory and Application. Springer-Verlag, Heidelberg.

Postlethwait, J.H. & Hopson, J.L. 1995. The Nature of Life. McGraw-Hill, INC., New York.

Primack, R.B. 1995. A Primer of Conservation Biology. Sinauer, Sunderland.

Reid W.V., K.R., Miller. 1989. Keeping Options Alive: The Scientific

Basis for Conserving Biodiversity. World Resources Institute Report 1: 105.

Sadlo J. & Kolbek J. 1997. The Terrestial Ruderal and Segetal Vegetation of North Korea: a Synthesis. Folia Geobot. Phytotax. 42: 25-40.

Spellerberg, I.J., S.R Hardes. 1992. Biological Conservation. Cambridge Univ. Press, Cambridge.

UN. 1994. Population Division of the United Nations Secretariat, World Population Prospects: The 1994 Revision(annex tables). New York.

Van Der Maarel, E. & Dauvellier, P.L. 1978. Naar Enn Globaal Ecologisch Model Voor De Ruimtelijke Ordening Van Nederland. Vol. 1 & 2. Staarsuitgeverij, Den Haag.

Van Der Maarel, E. 1997. Biodiversity: from Babel to Biosphere Management. Opulus Press, Uppsala.

WCMC. 1994. Biodiversity Data Sourcebook. WCMC Biodiversity Series 1: 122-131.

White, B.R. 1996. Atlas of Earthcare: A Major New Illustrated Guide to Looking after out Planet. Gaia Books Limited, London.

WRI, IUCN, UNEP. 1992. Global Biodiversity Strategy. Guidelines for Action to Save, Study, and Use Earth's Biotic Wealth Sustainably and Equitably.

東京農工大學部 生物圈環境科學專修 編輯委員會編. 1992. 地球環境と自然環境. 培風館.

中井竹信. 1919. 鬱陵島植物調査書. 朝鮮總督府.

宮脇昭. 1970. 植物と人間: 生物社會のべうソス.NHKブッワス.東京.

국립공원관리공단(http://www.npa.or.kr)

국제자연보존연맹(http://iucn.org/)

그린피스(http://www.greenkorea.org/)

녹색연합(http://www.greenkorea.org)
대한민국 환경부(http://www.moenv.go.kr)
메가람(http://megalam.chollian.net)
세계자연보호기금(http://www.panda.org)
시에라클럽(http://www.sierraclub.org/)
왕립조류보호협회(http://www.rspb.org.uk/)
월드워치연구소(http://www.worldwatch.org/)
유네스코(http://www.unesco.org:80//mab/theMabnet.html)
유네스코 한국위원회 (http://www.unesco.or.kr/kor/)
유엔환경계획(http://www.biodiv.org/)
지구의 벗(http://www.xs4all.nl/~foeint/)
한국생물다양성정보네트워크(http://bik.kribb.re.kr)
환경운동연합(http://kfem.or.kr)

찾아보기

ㅈ

ㅊ

ㅋ

ㅌ

기타